香港百年

住公屋、飲杯茶、賭馬仔，

尋訪在地舊情懷，重溫久違人情味

我不過是一個「香港人」！

　　一個在香港出生成長、日常過著急速且沉悶生活的普通「香港人」，想要藉著手繪及文字來記錄香港的百年日常。從英國殖民歷史到回歸中國，香港的建築、生活甚至是文化，都值得世人認識和記憶。

　　社會及歷史遭逢時代交接而動盪，香港過去這一百多年的歷史起伏和生活痕跡，必須在消失之前，好好的記錄下來，成為歷史印記也好，成為紀念冊更好。希望讀者能夠透過這本書，看到最地道和最富「老香港」味道的人事物，除了見識最具歷史意義的舊事物之外，亦可透過這些遺跡深入了解香港人的性格和想法，以及香港人過的現實生活。雪姬在緊張的疫情期間，走遍香港，訪問了不同階層的人，邀請他們分享在這片土地所經歷過的大小故事，讓讀者更能全面了解到一般香港人的生活和想法。

　　最後，希望籍此能讓人們有所反思並產生共鳴，何謂人們想要的、需要的？什麼是要保留的和保護的？同時提醒讀者，舊事舊物亦有它「理應存在」的價值，即使死物被抹殺推倒，但人們的心是不能無情的給予硬改！雪姬帶

著愛港的心，為「香港」這個地方和這個名字，記錄下作
為香港的其中一位升斗市民，所認知的香港，這是真正香
港人的想法和感受！

一個沒有根的城市，一個沒有歷史的地方 ......
還能追求什麼？還想得到什麼？
口口聲聲的保護，句句重複的堅持，
沒有了過去的一切，沒有了前人的功勞，
何來談及將來？憑什麼說我們？我們還是什麼？

雪姬

目錄 Contents

Chapter
01 印象中的老香港

尖沙咀舊火車站

建於 1915 年，並於 1978 年拆卸，現只剩下鐘樓的部分，
連同天星碼頭成為現在尖沙咀海旁的重要地標。

序幕

急速的城市蛻變歷程中，
人練成強大的適應能力，
承傳歷代的「獅子山精神[1]」，
更有「打不死的小強[2]精神」。
香港人常自命不凡並認為，
「香港人就是強！哼！」

我們在逆景中發揮自強不息；
我們在亂世中不忘自嘲自娛；
真正的香港人傳統開放兼備，
對每事與物能夠接受與包容，
我們活在當下時常自嘲為樂，
就算在逆境中也能苦中作樂，
因為我們都擁有著強大心靈，
不像玻璃般脆弱而不堪一擊，
這就是香港人最獨特的個性，
同時印證著「我們」的與別不同。

無數經典傳奇故事上演，

由大眾貧苦無依的生活，

升華至繁榮穩定的日常，

香港崛起的歷史須流傳，

富有歷史意義的「老香港」，

消失中的還能在哪可尋。

意想不到的社會動盪突襲，

致人與人之間嚴重的分歧，

年輕與長輩越深化的洪溝，

作為真正的香港人最想要，

「香港人」的故事永遠流傳。

1 「獅子山精神」：源於 1972 年開始播放的香港電台電視節目「獅子山下」，節目
　內容是反映七十年代香港人如何在剛起飛的香港拼搏求存。獅子山指的是座落於九
　龍與新界之間，形狀貌似獅子的山岳；原本的定義是指低下階層的市民努力工作進
　而改善自己生活的態度。時至今日，獅子山則代表勇於追尋夢想的精神，「獅子山
　精神」對於不同年代的香港人來說都有著不同的定義。

2 「小強」：源於一部家喻戶曉，由著名喜劇之王巨星周星馳主演的《唐伯虎點秋香》
　電影，劇中唐伯虎把蟑螂（香港稱之為甲由）當成是自己的親生骨肉撫養，並因生
　命力很強而取其名為「小強」，意思是雖然體形細小，但生命力卻超級強大。周星
　馳將人見人怕的蟑螂人物化之餘，又多拉近了點親切感。

建於 1904 年，石硤尾主教山蓄水池
（一級歷史建築）

Chapter 01　印象中的老香港

　　「香港」從前是一個不被重視的小小漁港，經過歷史變遷，在大紅色的傳統上被暈染上深藍色後，成為了現在獨特的紫紅色。只花了一百多年的時間，香港便進化成影響全球的國際金融中心，實踐了一百多年前大英帝國屬意，並打造成為國際商業中心的目標。現在的香港更擔當著中美交戰中，在狹縫之間無可取代的特殊角色。究竟，我們這群「真正的香港人」在這片袖珍的土地上，過著怎樣的生活呢？

　　雖然大部分的「老香港」痕跡已逐漸消失，但真正的香港人卻想盡辦法，把剩餘無幾的「老香港」印記努力維護下來。有人會說：「這是香港人留戀殖民政府的表現……」但真正的原因並非如此，而是我們想要守護和珍惜自己祖先艱苦努力建造出來的盛世環境。這些實實在在地證明了我們香港人曾經努力過、辛苦過的強大證據，亦是承傳香港人獨特文化與精神的行動。

建於 1910 年，東華痘局拱形牌坊及基石。

香港法定古物古蹟分類

要揭示香港獨特的過去，可以從文物建築與文物考古開始探究。香港的獨特傳統由中英文化匯聚而成，這些重要的文化遺產作為香港的文化瑰寶，必須代代傳承下去。

「香港古物古蹟辦事處」是一個專責歷史文物保護及教育的部門，負責調查、發掘、鑑定及記錄各類歷史文物。所有獲得評級的法定文物與古蹟都受 1976 年所訂立的「古物及古蹟條例」所保護。有著歷史意義的古舊建築會經該辦事處作出評級，分成 1 至 3 級別和設定最高門檻的法定古蹟，來釐訂該建築物的文物價值，以及實施相應的保育措施，然而在法律上只有法定古蹟才不能夠拆卸。

百年英國殖民文化痕跡

　　1841 年 1 月 26 日，大英帝國首次在香港島西北部「佔領街[1]」的「佔領角[2]」上升起了「聯合傑克旗[3]」。翌年，與中國簽訂了最具歷史性意義的《南京條約[4]》，從此香港島正式割讓給大英帝國，英軍便在香港島北部開始落地發展起來。當年的英國人主要集中於西環至下環一帶（即在「四環九約[5]」的行政區劃內）活動，也就是現在的堅尼地城至灣仔一帶。在這裡，英國人開始建立起生活社區、政治場所、商業經濟區、大型船塢碼頭等，並把大英帝國的生活文化融入了小小的社區內。此時，一個原本落後荒蕪且撲素的小漁港，漸漸混入西方的文明，搖身一變成為一個充滿西洋風情的小城市。其後簽訂的《北京條約[6]》，大英帝國又再取得九龍半島，同時租借新界之後，香港的小城大事正式在歷史上掀起了令世人讚嘆的序幕。

　　今天，富有獨特老香港味道的古舊建築在香港已經買少見少，而且獲香港政府列為法定古蹟的建築亦少之又少。既能保留原貌又能體驗古風的建築，儘管走遍全香港，能找到尚存的痕跡亦十分困難。

建於 1912 年，中環香港終審法院大樓。

1 「佔領街」：英文為 Possession Street，即是現今的水坑口街，也是香港最古老的街道。現在水坑
   口街的英文名字同樣是 Possession Street，只是該區重建時將中文名字採用了當年華人習慣對這條
   街的稱號水坑口為名。

2 「佔領角」：根據香港旅遊發展局的資料顯示，這是當年英國海軍登陸香港時的位置，英文又稱
   Possession Point，也即是今天的荷里活道公園所在地。

3 「聯合傑克旗」：英文為 Union Jack，即大英帝國（又稱大不列顛帝國，現稱英國）國旗，又稱
   聯合旗，中文俗稱米字旗，於 1801 年開始啟用至今。

4 「南京條約」：於 1842 年由當時的大清帝國與大英帝國簽訂，內容大致是將香港島割讓給「大
   不列顛及愛爾蘭聯合王國」（即大英帝國）。至於條約原件分別由「大英帝國」及「中華民國」
   保存，而「中華民國」部分則保存於臺北外雙溪的「國立故宮博物院」內。

5 「四環九約」：由 1857 年開始使用的香港行政區劃方式，一直沿用至第二次世界大戰後停用。
   四環的意思是四大分區，包括：西環（即現今堅尼地城至西營盤雀仔橋附近）、上環、中環以及
   下環（即現今金鐘至銅鑼灣一帶）。

6 「北京條約」：於 1860 年由當時的大清帝國與大英帝國、法蘭西第二帝國和俄羅斯帝國等簽訂，
   其中和香港有關的部分即「中英北京條約」。內容大致是將當時的廣東新安縣（即現今香港界限
   街以南）的南九龍部分割讓給「大不列顛及愛爾蘭聯合王國」（即大英帝國）。至於條約原件，
   則分別由「大英帝國」及「中華民國」保存，而「中華民國」的部分則保存在臺北外雙溪的「國
   立故宮博物院」內。

為世紀疫症而生的檢驗所

香港醫學博物館（舊香港病理學院）

· 建築年份：1905 年
· 古物建築評級：香港法定古蹟
· 地址：香港島上環堅巷 2 號

位於上環半山區的香港醫學博物館的現址，是一所擁有超過百年歷史，具有英國愛德華巴洛克風格的建築物。整座大樓樓高三層，以石灰漿砌結紅磚建成，外部有寬闊的走廊，使空氣流通的圓拱形窗戶，而屋頂則以雙層中式瓦片蓋成。

香港病理學院原名為細菌學檢驗所，是香港首間專門為公共衛生和醫學化驗而設的檢驗所。那時候，香港的細菌學研究非常落後，所以決定透過建設檢驗所來對付當時的鼠疫，作為善後及避免鼠疫再度橫行的研究之處，並成為永久檢驗所，肩負起對流行細菌病學、病患作專門研究及疫苗培植的工作。

世紀大循環之全球疫情大流行「鼠疫」

　　從十九世紀中下旬開始，中國雲南陸續爆發鼠疫（亦稱黑死病）。直到 1894 年，因香港與廣州交通頻繁，每天有 3 至 4 班船來往兩地，鼠疫便通過海上交通大規模地擴散到香港。當時的代理香港總督彌敦，便按照衛生條例，宣布香港正式成為疫埠，另外也隨即頒布緊急防疫條例，防止疫情擴散。當時殖民政府頒發的措施包括：強制將鼠疫患者送到停泊在維多利亞港的隔離船「海之家」（英文為 Hygeia，有健康女神的意思）上進行隔離治療；規定鼠疫死者屍體必須交政府處理；對曾有染上鼠疫的人進行清洗消毒等。

　　然而，當時的華人社會普遍不信任西方醫術，不理解衛生局的防疫方法之餘，更稱西醫的隔離治療是有陰謀的，所以華人都不願配合防疫，亦不願接受治療。於是染疫身亡者遭隨意棄屍，導致鼠疫在香港不停擴散。後來，華人透過東華醫院向殖民政府要求放人，准許所有鼠疫患者離港回中國治療。沒多久，染疫者每天高達 80 件，死亡人數也每天超過百人，然後有三分之一的華人離開香港，回內地暫避鼠疫。

經歷三十年的長時間抗爭，疫情終告暫時結束。據官方統計，香港因染鼠疫死亡人數最少 2500 人，但未包含拒絕就醫而死亡等人數，所以實際死亡人數理應不止於此。另外，在紀錄中提及，華人佔病患達 98％以上，死亡率更高達 95％以上；非華人病者則不到 50 人，死亡率相對較低。之後數年間，鼠疫在香港不時出現，更擴散至亞洲其他城市如台灣、印度、日本等，之後更全面擴散至全球各大洲，演變成全球大流行的疫情。

當深入了解舊香港病理學院的歷史和建立原因之後，不禁令人感嘆「世上萬物必有循環」的道理。一百多年前世紀鼠疫的發生，對比起筆者撰寫此書的同時——2020 年，剛好相隔 126 年，世紀之疫再度重演，只是發生的不再是鼠疫而是新冠肺炎。一邊翻看鼠疫的由來和歷史，一邊感受著像是似曾相識而又充滿矛盾的畫面，不論是爆發的經過，或是華人面對疫情的反應，舊時的香港除了比現在的香港先進、發達得多之外，原

來人類在這世代仍存在如「古人」般的思想，不相信科學亦不相信事實，最後換來的是社區大爆發。至於這兩個世紀之疫，對香港來說大不同的是，當時的殖民政府選擇了堅定的「封城」自保，避免擴散亦避免再受感染；但相同的是，當時大多數人均不相信政府的防疫措施。

百年老街市與花布街的結合
西港城（舊上環街市）

· 建築年份：1906 年
· 古物建築評級：香港法定古蹟
· 地址：香港島上環德輔道中 323 號

西港城原本是海事署的舊址，後來拆卸改建成為舊上環街市（菜市場）北座，成為與日常生活息息相關的市集。大樓建於 1906 年，採用了當時英國非常流行的巴洛克式風格來施工。造型古樸，有著對稱軸線的設計，而外牆則以紅磚砌成，並以花崗石作為地基，利用石塊色彩及紋理製造多色效果。正門入口為拱型，搭配大窗台及典雅的百葉窗廉，並配合香港的氣候，將屋頂用中式的捲狀瓦片鋪設，這都是當時香港流行的東方色彩揉合西方建築的特點。

今天的西港城化身為一個特色商場，並由原本的兩層樓加建至四層樓；1 樓主要經營的商店有食肆、花店、傳統行業、古玩店，3 至 4 樓則是大型酒樓等。最特別的是 2 樓，它就像台北迪化街永樂市場的縮影，整層擺滿了各式各樣的花布，這裡由數間大大小小的布行佔據，他們有的是歷史悠久的老店，不過共通點是──這些布行都是來自同一個地方，那就是當年的中環花布街（現今永安街）。

原來，中環舊時有一條「花布街」

就在現今中環黃金地帶，中環中心旁的一條叫「永安街」的小巷，連接皇后大道中與德輔道中（「皇后大道中」和「德輔道中」是道路名稱），就是過去因販賣布匹聞名的「花布街」。永安街在 1841 年由市區填海後建成，當年曾經因販賣匹頭、呢絨而聞名於世，全盛時期，整條街開滿了幾十間布匹零售與批發商。當年香港的南北行東主都會在農曆新年前來到中環，將永吉街、永利街、永安街、永和街等四條街都走上一回，藉著「走完這幾條有吉利象徵的街道」，能為他們在新一年的生意帶來好兆頭。

直到九十年代初，因配合中環中心的興建，花布街中的布販被安排搬遷到西港城 2 樓繼續營業至今，雖然布行得以繼續經營，但隨著時代的變遷，會買布來做衣服的人已少之又少。不過近年，香港政府想要收回布行們的店舖位置並重新規劃，故這些布行們的未來是去還是留，就無人之曉了。另外，現在的永安街雖然仍「健在」，但已變成了一條短短的「後巷」，閒時會有一兩檔臨時小販在擺賣而已。

香港第一間大學
香港大學

- 建築年份：1912 年（本部大樓）、1861 年（大學堂宿舍）
- 古物建築評級：香港法定古蹟
- 地址：香港島龍虎山般咸道（本部大樓）
  香港島薄扶林道 144 號（大學堂宿舍）

　　香港大學見證了香港開埠以來的百年教育史，亦是香港歷史最悠久的高等教育機構，而且港大成立初期，更是大英帝國在東亞地區的唯一一所大學。香港大學本部大樓亦是大學的第一座建築物，由當時的英印商人摩地爵士所捐建，於 1910 年開始動工，在 1912 年落成。大樓以文藝復興時期的愛德華巴洛克式建築風格建成，全香港只有香港大學和舊立法會大樓才可見這種建築，可說是香港古典復興式建築的典範。建築物整體以紅磚及麻石建成，花崗石作為柱樑來支撐，大樓的正面中央建有一座由遮打爵士捐贈的鐘樓和四角塔樓，這絕對是典型的西方古典建築。之後到了 1941 年 12 月香港淪陷，本部大樓被征用為臨時醫院，而大樓的屋頂更被拆下來作為燃料之用。

160 歲高齡的古堡宿舍

　　大學堂是香港大學四間傳統舍堂之一，亦是歷史最悠久的建築。大學堂的建築於 1861 年建成，當時的名字是「德格拉斯堡」（Douglas Castle），是蘇格蘭商人德格拉斯・立畢（Douglas Lapraik）所蓋的城堡，用來觀察商船進出港口的情況。經過百年輾轉，大學堂曾經是英國商人城堡、傳教士修道院、日佔時期日軍基地，最後終於在二戰後的

1954 年由香港大學購入。自此之後，它就成為了港大男生宿舍並命名為「大學堂」，幾十年來的大學堂住宿生都是住在古堡內，過著其他大學生沒有的獨特古堡生活，亦成為了男生們舉辦萬聖節派對最具氣氛的場地。

大學堂兩大寶物

大學堂內有兩個讓大學堂住宿生引以為傲的寶物，包括「百年鑄鐵通花的旋轉樓梯」——銅梯，以及「不能觸碰的石像」——四不像。

●銅梯

　　這是一條以「全生鐵」鑄造的螺旋式鐵梯，當鐵梯生鏽階梯便會泛起紅色。當時，大學堂初期的住宿生大多來自馬來西亞，於是他們便把此梯取名為「紅梯」，再加上馬來西亞學生的廣東話不佳，一直把「紅」說成「銅」，導致最後就稱為「銅梯」。此外，行走此樓梯有一個傳統禮儀，往上走時，男士先行，女士後從；向下走時，女士先行，男士從之。

●四不像

　　位於大學堂入口的石梯兩旁有三隻外形奇特的石像，石像頭部和鼻子像大象，身體和尾巴又像麒麟，但是爪卻像獅子，外形不像任何一種動物，所以就被命名為「四不像」。相傳四不像長期吸收天地靈氣，身負厄運，所以觸碰到四不像的人都會事事不順，如：考試不合格、重讀、退學、人際關係出問題等，所以港大學生從來都不會觸碰它們。

黃飛鴻洪拳的傳承
藍屋

· 建築年份：1922 年
· 古物建築評級：一級歷史建築物
· 地址：香港島灣仔石水渠街 72 ～ 74A 號

　　散發著一身水務署藍色，但它卻跟水務署完全無關。藍屋那鮮藍色的外牆吸引了無數本地及外地的遊客到訪，其身上的藍色不是刻意漆上，而是當年政府將藍屋進行外牆粉刷時，因為物料庫其他顏色的油漆都用光了，只剩下水務署常用的鮮藍色，所以就直接拿來漆在藍屋上，這就是藍屋變藍相當純粹的原因。

　　藍屋原址為「華陀醫院」，在 1886 年關閉後轉變成為供奉「神醫華陀」的寺廟，後來遭到拆卸並在 1922 年重新興建成現在樓高四層的唐樓建築。這個古舊唐樓之所以為人所熟悉，皆因於上個世紀五十年代時，黃飛鴻的徒弟林世榮侄兒林祖，在當時的華陀廟位置開設武館，但直到六十年代林祖的武館卻又改變營業項目，把它變成其兒子林鎮顯的醫館。現今的藍屋經過活化，成為了體驗香港歷史的展覽場所，其 2 至 4 樓亦經翻新修飾，成為了入住藍屋的在地生活文化體驗處。

　　藍屋整體的建築均非常獨特，除了窗框、樓梯、橫樑都是以木頭製成的之外，更特別的是，過去藍屋的間隔內都沒有設置廁所等汙水系統，所以當年的居民都要等「倒夜香*」的工人深夜到此前來收集夜香。後來，倒夜香行業消失，居民便要每天到附近的公眾廁所解決大小便問題，

相當不方便。所以藍屋的活化翻新工程首要的，就是為整個建築加設洗手間、沿室和增設升降機等，以配合現代人的基本生活配套。

藍屋附近還有古老的黃屋和橙屋

●黃屋

· 建築年份：1928 年
· 古物建築評級：三級歷史建築物
· 地址：香港島灣仔慶雲街 2、4、6、8 號

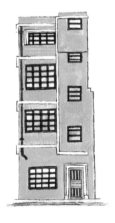

●橙屋

· 建築年份：1958 年
· 地址：香港島灣仔慶雲街 5 號慶雲街 3 號

＊ 「倒夜香」：「夜香」即是糞便。「倒夜香」是一種古老行業，因為舊時代沒有廁所等汙水系統，人們方便完就會將糞便倒進夜香筒（即糞塔），上蓋、密封後，等到晚上倒屎車來到後，便會處理掉這夜香。

盡顯香港最奢華的一面
半島酒店

· 建築年份：1928 年
· 古物建築評級：一級歷史建築物
· 地址：九龍梳士巴利道

　　貴為香港現存最古老及最著名的甲級酒店,有著「遠東貴婦」的稱號,半島酒店亦是全球最豪華及著名的酒店之一。酒店正面面對著世界三大夜景之一的維多利亞港,還設有全球最大頂級勞斯萊斯豪華轎車車隊,為各達官貴人提供接送服務,因此一百多年來,半島酒店都絕對是九龍半島的重要地標。

　　半島酒店在剛落成時,是全香港最高的建築物,亦是上個世紀五十年代前,九龍半島上最高的建築。酒店採用了文藝復興時期的巴洛克風格設計及建造,加上大量的古典元素,所以每一個角落及台階均散發著義大利風格大酒店的雍容華貴。能夠當個貴婦出入半島酒店品嘗 HIGH TEA,點一個極度奢華的三層英式下午茶,享受一個美好的下午,這絕對是全香港女士的夢想吧!

顯露人情的避難所

　　據《異地吾鄉:猶太人與中國》中記載,在 1945 年香港重光後,香港回復英國管治,當時有大批猶太難民需要從上海逃到香港暫時避難;他們什麼都沒有,當然也沒有錢。由於半島酒店是香港猶太裔嘉道理家族所經營,當他

得知猶太難民需要幫助時，擔心難民在香港無立錐之地，勞倫斯‧嘉道理毅然決然敞開半島酒店大門，接待猶太難民。半島酒店的善行持續了約 14 個月，直到所有難民離開酒店為止，這段時間除了收容他們之外，更幫忙籌備衣物、醫療物資及張羅行李，並且協助安排難民前往歐洲、澳洲等地方便他們繼續生活。

　　半島酒店見證了近一個世紀的滄海桑田，而且在 2019 年的反修例抗爭中，半島酒店又再次為平民大開大門，成為暫時的避難所。毫無防護裝備的市民在酒店的大門前遭受催淚彈的洗禮，酒店讓民眾進入大堂內躲避，其後更關上大門以確保住客的安全，雖然及後酒店出來澄清關上大門純粹只是為了保護客人，但在這欠缺人情味和鄰里守望相助的亂世中，卻令香港人重新體會到一個世紀前久違的人情味，亦讓人們重新反思人與人之間「情義為何物？」到底是從何時開始，人們變得如此冷漠自私。

充滿著詭異故事的中醫藥堂
雷生春

· 建築年份：1931 年
· 古物建築評級：一級歷史建築物
· 地址：九龍旺角荔枝角道 119 號

「雷生春」由當年九巴*創辦人之一的雷亮，在 1929
年向當時的殖民政府購入現址，並請來西方建築師布爾設
計並興建這幢樓高四層的舖居大宅。竣工後雷氏一家便以
下舖上居（即店屋）的生活方式，扎根在此，建築物的下
層經營著「雷生春」跌打藥店，上層則是家人的生活居所。
雷氏後人於 2000 年，將此處捐贈給香港特區政府，此舉也
成為香港史上首幢以私人名義捐贈給香港政府的建築物。
經歷了幾十年來差點被拆卸的危機，到了 2005 年雷生春「終
於」完成了修葺，當年雷生春的面貌以至店內的裝潢、擺
設都得以保留，並且被活化改造成「香港浸會大學中醫藥
保健中心——雷生春堂」。雷生春的古典韻味更吸引到荷

里活（好萊塢）電影製作人的青睞，於 2016 年上映的超級英雄電影系列《奇異博士》中三大至聖所之一的香港至聖所，就是以雷生春作為設計藍本。

不能拆卸的「鬼屋」

話說 1942 年雷生春的創辦人雷亮離世後，雷生春跌打藥店於數年後亦隨之結束營業。有傳言指出，雷亮在生前曾有遺訓說：「不准變賣或拆卸雷生春！」但後人卻不以為意，更數度打算進行拆卸重建。疑似每次當清拆工程開始進行時，就會陸續發生很多奇怪且靈異的事件，如工人突然大病、工程中出意外、有人受傷或身亡、清拆工具不翼而飛、入夜工場傳出怪聲等等，經歷了無數次的拆卸工程也沒能動到這幢建築物的一根汗毛。自此……雷生春一度被荒癈、棄置並空了幾十年，並成為了旺角區內無人不知的鬼屋故事材料。

＊「九巴」：即九龍巴士有限公司，現今世上最大的公共運輸機構之一，同時亦是香港最大的專營巴士公司。

像極了「古廟」的聖堂

香港聖公會聖馬利亞堂

· 建築年份：1937 年
· 古物建築評級：一級歷史建築物
· 地址：香港島銅鑼灣大坑道 2A 號

　　紅牆綠瓦、正門對聯柱樑、長長的石階……不看建築物名字，你絕對會誤會它是一座寺廟，又像極了中式殿堂，但認真細聽之後，裡頭傳來的竟是哼唱著聖詩的優美旋律。原來，這是一間外中內西的古老「基督教」聖堂。

為了融入當地文化的變身

　　其實，聖堂前身是「晏氏棲留院」，專門收容一些無依歸的女性，在院內她們可以讀書識字和學習一些求生技能。後來院舍設立了正式的堂會，成為當時港島東部第一所教會，但基於教會成立初期正值辛亥革命，滿清皇朝結束，在民國初興的時期，社會充斥著排外的情緒，並且直接衝擊教會。面對民眾的誤解和敵視，聖堂為求達到本土化，去掉「洋教」氣氛，藉此減少被誤會成「入侵」中國的指控，最後決定從建築物的外觀入手，利用了西方的建築技術來呈現出中式的外觀和細飾。然而，當你踏入聖堂內部的一刻，又會回到西洋氛圍的禮堂，雖然細看每個角落還是保有很多中式細節，但大禮堂正面的十字彩色的花窗，在這極富中國傳統的建築物內，絕對是充滿著巨大的反差裝潢。此舉乃是為了讓信仰與傳統文化結合，並達到本色化神學的效果。

重遊舊西環

　　經過一百多年的歲月洗禮，今天的香港島上，應該說在整個香港，想尋找別具殖民地色彩的事物已變得十分困難。因為原來帶有西洋風格建築物的位置本就非常分散，東一處、西一處的，再加上至今沒被拆卸並保留下來的亦不多。還有一個原因是，香港這個地方就等於資本主義本身，「沒有任何事與物比金錢更重要」，加上現今社會要求的是：人民得「忘記過去，努力面前」的思想，如果想要懷緬當年，就等同留戀過去。

　　在香島港的西營盤至堅尼地城一帶（即英國殖民時期的舊西環區，是香港最古老的區域），亦是當年大英帝國接收香港後，英國人主要集中生活的社區，所

建於 1870 年的西環雀仔橋

以這區相對建設了比
較多富殖民地色彩的建
築物。同時，因為這一帶是
香港文化與發展重要的心臟地帶，
所以區內仍然保存著較多英國殖民時期
的建築群，是本地人和旅客認識香港歷
史、古蹟文物的途徑，也是體驗英國殖
民生活環境的最佳地方。

香港精神病院的進化
東邊街美沙酮診所（域多利精神病院／舊華人精神病院）

· 建築年份：1891 年
· 古物建築評級：二級歷史建築物
· 地址：香港島西營盤東邊街 45 號

　　屬於香港最早期的精神病院，位置就在「高街鬼屋」旁，其大樓和宿舍建築均以紅磚及花崗石砌成，有別於「高街鬼屋」的巴洛克風格，是更早時期的建築物代表。「東邊街美沙酮診所」使用的是當時英國最流行的新喬治亞建築（喬治時代建築），其拱廊、拱心石和紅磚外牆，都是當時的年代特徵。

　　一百多年前的香港，其實並沒有精神病院的機構，如果得了精神病或者是瘋了，就會被直接送往「癲房」禁錮。不過當時洋人精神病患者會被囚禁於「域多利監獄」的「癲房」裡，並在此等待遣送回國治療，至於華籍精神病患者則會被送到東華醫院的「癲人房」接受羈留。後來，當時

的殖民政府認為需要另外設置空間給精神病患者，所以便
於高街和東邊街交界位置興建起舊精神病院（洋人專用）
及舊華人精神病院，後來更將兩者合併成為了「域多利精
神病院」，專門收容精神病患者，並為他們提供治療及照
顧。這座由紅磚及花崗岩石砌成的三層樓高建築，直到
1891 年才正式、完全建好。一直到了 1961 年新界屯門區，
香港最大的精神病院「青山醫院」正式啟用，並取代了「域
多利精神病院」後，香港才有現代化的精神科醫院。至於
舊華人精神病院的舊址，現在已改用作為戒毒中心，因為
一般人都不會進入，而且不能拍照訪問，所以這裡仍然是
一個非常神祕的場所。

令人不寒而慄的百年建築
西營盤社區綜合大樓（域多利精神病院 / 舊精神病院）

· 建築年份：1892 年
· 古物建築評級：一級歷史建築物
· 地址：香港島西環高街 2 號

　　說到香港最最最著名的探靈勝地，一定非「高街鬼屋」莫屬！每當天一黑，周圍都會變得相當詭異嚇人，會令路人不寒而慄，而這個鬼屋就是「西營盤社區綜合大樓」。它有著超過百年的歷史，「高街鬼屋」之所以有這些多恐怖故事，原因是它的前身為精神病院，而且其中一個最為

人熟悉的恐怖故事，就是精神病院在日佔時期曾淪為刑場，有不少人在病院內被處決，地庫（地下室）則被用作停屍房，而位於醫院前面的佐治五世公園則是一個亂葬崗，在病院內被處決的都被運往該處棄屍。因此一百多年來，「高街鬼屋」都是當地居民視為鬧鬼最凶之處。

　　不過一個世紀流傳下來的除了有眾多的恐怖鬼故事之外，當然還有這座古舊建築的外部。特區政府於 2001 年，決定將原址的大部分拆卸，並改建為現在的西營盤社區綜合大樓，至於原來精神病院，其極為罕見的花崗石的正立面，則被保留著。這個古老建築採用了早期的巴洛克式風格，並且使用了本地材料施工，在香港屬於非常罕見。

那些年之「落街沖涼的日子」
第二街公共浴室

· 建築年份：1904 年建成／ 1922 年重建
· 古物建築評級：二級歷史建築物
· 地址：香港島西營盤第二街及西邊街交界

　　「樓下閂水喉啊！*」這句經典說話，香港人聽得多了！但「落街沖涼喇！」對現代人來說，不但摸不著頭緒之外，對這句話的意義更是無法理解；在家有好好的浴室不用，為什麼要跑下樓洗澡呢？如果你隨便在街上問一位年青人對於「公共浴室」的認知，他可能會反問：「什麼？香港有公共浴室嗎？還是說的是公共廁所？」現代的香港

*「樓下閂水喉啊！」：香港在六十年代時，有大量新移民湧入，造成人口急速培增，加上又出現難得一遇的大旱災，全香港的儲水塘乾涸見底，供水不足。當時殖民政府限制用水，每四天才供一次水，而且每次只有 4 小時，於是人們都會準時在同一時間開啟水喉（水龍頭），有你無我、分秒必爭般，導致住在比較高層的住戶因水壓不足，而沒有「水」到。此時，樓上的住戶就會在窗前向樓下住戶大喊：「樓下閂水喉啊！」以喝止對方停手並讓「水」出來。

人可說是對「公共浴室」毫無概念。直到 2020 年 9 月，這個已被世人所遺忘的「公共浴室」正式被列為二級歷史建築物，現代的香港人才驚覺：原來有這段已被大家遺忘的「落街沖涼的日子」。

第二街公共浴室建於「一百年」前，而且時至今日，使用它的人竟大有人在！有的是住在仍然沒有浴廁設備的舊式唐樓住戶，而有的則是剛從西環泳棚海泳回來的人。因為泳棚附近沒有沖身的設施，所以就會來到這裡洗澡更衣。

為什麼會有「落街沖涼的日子」呢？

　　一百多年前，香港因為受到「鼠疫」影響，死亡人數眾多，加上疫情斷斷續續的持續了 30 多年，以及華人不相信西醫治療的情況下，人民不配合殖民政府的抗疫政策，導致鼠疫橫行、擴散嚴重。另外，當時大部分華人居住的房屋，也就是我們俗稱的「戰前唐樓」，很多都沒有設置浴廁等汙水系統，樓宇內沒有地方能「方便」，更沒有地方洗澡（要洗澡就要在廚房洗），衛生問題可想而知。如同前面章節所提及的「藍屋」和後面將會介紹的「和昌大押」等，均是樓房內沒有浴廁等汙水系統的房子。有見於此，殖民政府便決定從公共衛生著手，務求提升人民的衛生意識，以便達到社區清潔，同時改善衛生。

　　最後，殖民政府便在各個華人聚居地，即鼠疫重災區建起了「公共浴室」和醫療機構，供華人使用。雖然鼠疫到今時今日已經不在香港出現，但走在第二街公共浴室旁，仍然不時有老鼠聯群結隊地出巡。上一次筆者到訪時，就看過一家大小出巡的景象，「米奇」們突然在梯間跑出來，嚇得路人尖叫逃跑！

　　「第二街公共浴室」以水泥和鋼筋搭建而成，搭配上花崗岩作為斜坡上的平台、地基。夏天除了有涼快的冷水供應之外，最體貼的是冬天還會供應熱水。雖然浴室內採半開放式設計——矮矮的間隔牆，而且只足夠遮掩「下半身」，大家在淋浴時可以「你看我，我看你」，對現代人來說簡直是「尷尬度十足」——但這個浴室對上一代的人而言，絕對有改善衛生素質的巨大貢獻。

淋浴間內的間隔牆高度只有 145 公分

香港首間華人婦產科醫院
西區社區中心（舊贊育醫院）

· 建築年份：1922 年（舊贊育醫院主樓）／ 1909 年（西約方便所）
· 古物建築評級：一級歷史建築物
· 地址：香港島西營盤西邊街 36A 號

　　香港的第一間紅磚醫院就是「舊贊育醫院」，是 1903 年一位女西醫師「克寧醫師」，眼見香港傳統接生方法的夭折率太高，便決心要為華人婦女蓋一所專為她們服務的婦產科醫院，以西方醫術為華人婦女提供接生服務。一直到 1922 年這座贊育醫院才終於成立，後來西方的接生方法得到華人的廣泛支持，所以醫院門口經常有孕婦排隊等待就診，人數甚至多到一張床位有好幾名孕婦一起使用的窘境。到了上個世紀五十年代，贊育醫院搬遷後，原址才改為今天的西區社區中心。

　　走在西邊街那夾窄的斜坡階梯上，不難發現這棟紅磚建築物的存在，而且就在它的附近還有其他歷史建築。例

如後方就是「舊西約方便所*」（現今的長春社文化古蹟資源中心），左右兩旁還有「救恩堂」和第二街公共浴室。從西邊街往斜坡上方走，就在救恩堂的後方就是傳說中的「高街」。一直走、一直走滿街都是古舊建築物，無一不令人駐足欣賞。

在現在長春社文化古蹟資源中心的前方，有著現在已經很難到找到的英國殖民時期的郵筒，鮮紅色的外形配上英國皇冠 ER 標記，在香港絕對是碩果僅存！

*「舊西約方便所」：建於 1909 年，為二級歷史建築物，當時為專門接收患有鼠疫的居民而建，為了避免鼠疫會在醫院擴散，故此確診者只能留在方便所內等待醫診，而方便所前方的小白屋子則是作為臨時停屍間之用，直到贊育醫院落成，方便所便改用為女護士宿舍，直到醫院搬遷後便作為了長春社文化古蹟資源中心推廣香港歷史文化的基地。

市區僅存的殖民色彩公園
香港佐治五世紀念公園

· 建築年份：1936 年
· 古物建築評級：香港法定古蹟
· 地址：香港島西營盤東邊街與醫院道交界

　　走訪「高街鬼屋」，必定會路過這個被古老大麻石外牆圍繞著的香港佐治五世紀念公園。位置就在「高街鬼屋」的正前方，也就是同樣座落在高街上，因此詭異故事連連是當然的。不過白天時分，這裡卻是一般附近居民的街坊乘涼聊天、老人們玩樂象棋消遣、年輕人運動操練的悠閑場所。在天朗氣清的日子裡，緩緩慢步在石圍牆旁，會發現石圍牆間生長著多棵歷史久遠的高大細葉榕樹，再細細觀賞每根樹幹的延伸，不難發現被樹幹掩沒的古老佐治五世紀念公園的金屬牌標誌。走著、走著一點恐怖感受都沒有，反而令人感受到難得的空閑感，而且是香港僅存，帶有英倫殖民地色彩的百年古老公園。

戰前唐樓的進化史

從第一代簡樸務實的維多利亞風格；第二代因大瘟疫孕育而生，重新採用光線和通風的愛德華巴洛克式風格；第三代於二戰前追求古典美學的摩登現代風格；直到最後一代，以強調實用和功能性的現代主義設計風格唐樓，在二戰後出現，和香港人一起共渡了歲月、時代的興衰起落。上述的這些樓房通常都富有中英文化交融的混合風格，一般樓高兩至三層，有瓦頂和柱廊，樓上門窗有遮篷和遮陽百頁窗，有部分更設有騎樓，騎樓外露的柱廊橫跨著行人路（人行道），加上又是沒有電梯的生活，這些建築物從古屹立至今，與香港人共存。

當中有部分的設計風格更是別具年代意義和特色，這種建築物在當年的香港，屬於既摩登又新潮的產物，亦是最富「現代」性的建築，而這種建築我們稱之為「唐樓*」，而且它在東亞及東南亞地區，也有著同類型的建築，甚至非常普遍；在馬來西亞稱為「五腳基」，在中國廣州廣東

---

*「唐樓」：根據香港大學建築系學者朱慰先博士（Cecilia Chu）指出，「唐樓」一詞約於 1880 年代左右出現。唐樓可以分拆出租，亦可以同時作為住宅和商業運作混合用途。

建於 1920 年的深水埗南昌押

一帶又稱為「廣州式騎樓」等。

　　時至今日的香港，這些古老建築物經過了發展商的所謂「保育修復」行動後，大多已面目全非，更有些已被人遺忘、廢置在鬧市之中，如果沒有人告訴你它的歷史故事，你只會覺得這棟又舊又發霉的建築，肯定是一間鬼屋無誤！

　　這些古老唐樓隨著時代的進化，也慢慢融入了現代化的設計。稍微有良心、真心想要保育的人，會嘗試把這古老的歷史痕跡做修復，並強調「重現」。但是資本主義社會的香港，重視的大多只有錢而沒有情，在修復過程中為了達到最大效益，名利錢就會成為理成當然的首選，此舉往往成為舊事物變質的原因。即使舊事物獲得保留，但卻只剩一個沒意義的空殼。

永和號

· 建築年份：1880 ～ 1894 年
· 古物建築評級：一級歷史建築物
· 地址：香港島中環威靈頓街 120 號

建築特色

　　香港碩果僅存的第一代唐樓，一幢三層高的唐樓臨街地舖*。其主要建築特色包括廣東青磚承重牆、雙筒雙瓦屋頂、結構木樓面、木樓梯和壓花階磚等。永和號從建立開始就是在中環經營著雜貨店直到 2009 年，並曾於日佔時期當作鹽糖倉庫。永和號曾於 2008 年時，差點面臨拆卸重建或只保留外牆的命運，但經過民間團體反映民意後，才決定將整棟建築物保留下來。但由雜貨店閉門至今，這裡一直閒置著，加上永和號身處中環區的黃金地段內，前後左右都是建築地盤長期在打樁，永和號以 130 歲的「高齡」每天面對著這頻繁的密集的震盪，大家都擔心它那脆弱的

＊臨街地舖：店面入口對著街道或臨近街道，稱為「臨街」；店舖位於地下室或 G ／ F 樓層，稱為「地舖」。

58

「身軀」，怕隨時可能被震散。然而就在 2020 年下旬，在
一次政府的保育復修工程進行期間，竟「意外」地把樓頂
完全拆毀，此舉引起了各界對保育工程的關注。

和昌大押

- · 建築年份：1888 年
- · 古物建築評級：二級歷史建築物
- · 地址：香港島灣仔莊士敦道 62 ～ 66 號

建築特色

　　有著四層樓的高窄、長形唐樓，四棟連成一排，是現今少數留存的四幢相連帶騎樓的長廊式建築物。以木為基本結構，牆身由磚塊砌成，地板則以木塊鋪成，還設有窗戶遮擋的陽台，是當時非常盛行的商業樓房設計。樓底又高，更設有採光井；通往騎樓處裝有法式大窗，面向莊士敦道處則設有騎樓長廊，從陽台往外看就是人多、車多的電車路。不過當時的和昌大押，樓房內都沒有建設任何洗手間等汙水設施，故必須由專人來收集排泄物。

復修後

　　「和昌大押」是少數仍能保留其原本面貌的戰前唐樓，現在這裡經營的不再是當舖，而是一間高檔次的西餐廳 The Pawn。

・復修保育年份：2007 年
・現今名稱：The Pawn

綠屋

· 建築年份：1916 年
· 古物建築評級：二級歷史建築物
· 地址：香港島灣仔茂蘿街 7 號

建築特色

　　因為建築物的外牆漆上了滿滿的綠色而名，建立於二十世紀初期並分兩批落成，是樓高四層的經典帶騎樓的唐樓。

復修後

　　經市區重建局活化保育後，是把綠屋還原了，但卻抹去了其原有的綠色外牆特徵，更於部分外牆加裝上現代化的黑色金屬裝飾，使綠屋的原有形象完全消逝。活化後曾命名為「動漫基地」，作藝術展覽零售等用途。然而，後期因經營困難而停辦，之後並直接以建築物本身的地址作為這裡的名字。

· 復修保育年份：2013 年
· 現今名稱：曾稱為「動漫基地」，現稱為「茂蘿街 7 號」

上海街 600-620 號

- 建築年份：1920 年
- 古物建築評級：一級歷史建築物
- 地址：九龍旺角上海街 600 ～ 620 號

建築特色

　　位於旺角上海街 600 ～ 606、612、614、622 及 626 號，共 14 幢樓房組成的戰前唐樓群，當中有 4 幢是住宅樓房，而其餘 10 幢則為商業樓房，最早於 1920 年建成，樓高 3 至 4 層，部分更設置騎樓。在 50 至 60 年代，這裡主要經營零售店舖，如電器行、皮具舖、茶菸莊及涼果店等。

20 年代

80 年代復修後

從 80 年代至今，包括了這裡一帶的商家，都逐步轉型成以售賣建材用品為主的店舖。

· 復修保育年份（一）：80 年代
· 現今名稱：上海街 600 ～ 620 號

80 年代

近年復修後

多年來因樓房過於老舊，年久失修而逐漸成為危樓。在 2008 年開始正式進行了保育活化工程，把這一段戰前唐樓群進行翻新重建，最終保留了最具時代性的 13 條支撐著騎樓的麻石柱，以及當年以紅漆寫著的大字招牌等，都逐一保存下來。

· 復修保育年份（二）：2020 年
· 現今名稱：上海街 618 號

現在

一平

- 建築年份：1920 年
- 古物建築評級：二級歷史建築物
- 地址：九龍深水埗醫局街 170 號

建築特色

位於深水埗一條百年老街上的戰前唐樓，建於上個世紀二十年代，是當年非常流行的三層樓高，並擁極高樓底的騎樓式唐樓。直到上個世紀五十年代，由一家名為「一平」的裱框店購入整幢樓房的業權，自此「一平」成為了「前舖後居」的唐樓。「一平」的特色是，以紅漆在整幢白色樓房的外牆上的每個空白處，都寫上「一平」的廣告字句，並配上當年流行的綠框鐵窗。現在，它則成為了深水埗老街中，唯一剩下來的戰前唐樓地標之一。

大金龍

· 建築年份：1920 年
· 古物建築評級：二級歷史建築物
· 地址：九龍深水埗北河街 58 號

建築特色

　　位於深水埗大南街
與北河街的三層樓高轉
角唐樓，建於上個世紀
二十年代，由深水埗第一位發展商李柄先生親自設計、規
劃並興建而成，是當時李柄先生所建的 32 幢樓房中的其中
一幢。其獨特之處，除了是香港所剩無幾的轉角唐樓之外，
其在頂樓的正面及側面都設有外形相當獨特的露台。此樓
房前身是成豐押，於上個世紀七十年代由現今的大金龍藥
行購入，並經營至今。

厚生酒行

· 建築年份：1921 年
· 古物建築評級：二級歷史建築物
· 地址：香港島西環德輔道西 207 號

建築特色

　　位於西營盤內的戰前四層高直角轉角唐樓，建於上個世紀二十年代初，其特色是樓房同時建有西式陽台及露台。此建築物的位置昔日屬於臨海建築，旁邊更是電車路，不過經過百年的市區填海發展，現在這裡早已看不到美麗的海景。此處前身曾是蓆莊及酒行（1934 年時地舖為「廣利蓆莊」，1985 年則改為「勵豐釀酒」，後來再改為「厚生酒行」），過去也是在附近碼頭工作的苦力們，下班聚會、喝孖蒸酒的場所。

欽州街 51 及 53 號

- 建築年份：1932 年
- 古物建築評級：一級歷史建築物
- 地址：九龍深水埗欽州街 51 及 53 號

戰前唐樓大部分都會在山牆刻上建築年份，此類山牆建築在深水埗仍可找到。

非常罕見的橘色搭白色鴛鴦色調唐樓大門，配綠色鐵鏽大閘，以及雕花柱，格外突顯復古韻味。

建築特色

位於深水埗的典型四層高騎樓唐樓，充滿著古典主義的建築元素，樓房頂部的三角形山牆刻有其建築年份，是當時的典型做法。樓房外部有著愛德華巴洛克式雕花樑柱，最特別是，它被譽為是擁有「最美唐樓大門」的建築——半圓拱形大門漆上左右鴛鴦色調。大門兩旁保留著完好、清晰的雕花柱，確實是難得一見，仍能保存原始外貌的唐樓大門。

青山道 301-303 號

· 建築年份：1933 年
· 古物建築評級：二級歷史建築物
· 地址：九龍長沙灣青山道 301 ～ 303 號

建築特色

　　此建築屬於碩果僅存的三層高，戰前弧形轉角騎樓唐樓。位於長沙灣青山道與發祥街交界，當年建立此唐樓的建築師亦有另一份設計，也就是另一座歷史建築「皇都戲院」。位於街道交界的外牆是弧形圓角設計，騎樓上的欄河則使用了當時流行的箭形通花欄杆，而柱樑則有魚鱗紋，樓梯間則是鋪著水磨石的階梯。雖然此建築物已被列為二級歷史建築，但仍被大集團購入後決定將其清除拆卸，即使各大保育團體出面保護，亦難逃步入另一著名戰前弧形轉角唐樓「同德大押」被拆卸的後塵。

三合發米機（吉祥裝飾唐樓）

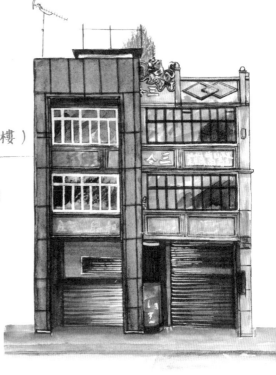

· 建築年份：1955 年
· 地址：新界元朗青山公路元朗段 114 號

山牆上的風水石雕「獅子滾地球」

建築特色

　　此建築屬於戰後唐樓，於上個世紀五十年代建成，由「三合」公司於現址建起三層高騎樓唐樓。樓房正前旁有四柱樑，樓頂山牆裝有立體獅子石雕，呈現「獅子滾地球」的形狀，是現在罕見的吉祥樓宇裝飾。獅子有多種象徵意義，如：「子嗣」、「出仕」任官、「太師」官階等，石獅則有鎮宅辟邪之意，至於滾球則象徵權貴。所以，此建築物上的「獅子滾地球」就是寓意「三合發米機」財通天下，生意達四海。

附錄：卅間

近乎消失的舊城區

· 建築年份：約 1935 年
· 古物建築評級：部分為二級歷史建築物
· 地址：香港島中環士丹頓街 88 至 90 號
　　　　華賢坊西 2 ～ 10 號

　　在現今的中環黃金地段蘇豪區中，隱藏著一條小巷，裡頭有一條斜坡樓梯，樓梯的兩旁建有一排別具歷史意義的唐樓，這裡就是上一代人才聽過的「卅間」。卅間是於上個世紀三十年代，廣州富商於中環士丹頓街一帶建立的三十幢石屋而得名，這個舊城區歷史之久遠，在不同文獻及寺廟的文件中都可考證得到。日佔時期因被戰火催毀，大部分樓房都遭受嚴重破壞，導致這三十間一同成為「卅間廢墟」。

　　估計直到上個世紀五十年代初，此區才得以重建起來，並採用了三十年代的建築方式，建成一排三層高的迷你唐樓。雖然它們都重建於戰後，但就踏在新舊建築

條例的過渡期間，所以得遵從當時舊建築條列中要求的建築物高度，而且必須依照鄰近街道的寬度而定，以確保街道有充足的日照，所以就建成了這一排碩果僅存的迷你梯間唐樓。

　　現在這一群古老又別具歷史意義的唐樓群，多年來被荒廢在無人問津的黃金地帶小巷中，沿用「卅間」名宇的就只剩「卅間街坊盂蘭會」，更多虧志工和街坊的努力，最近終於重見天日。然而，它現在卻也面臨可能會被特區政府清拆重建的窘境。不過因位於華賢坊的旁邊，同樣有著具百年歷史以花崗岩建成的城皇街石階、士丹屯頓街的石牆等，所以志願團體正在設法守護保育這卅間，以及附近一帶完整百年歷史的舊城地段。

反逃犯條例修訂運動 2019

　　當年的香港人經歷千辛萬苦，使香港的經濟起飛，並從小小的漁港躍升至世界級的經濟舞台，前人的努力換取了今天後人的進步和發展。過去的人民雖然歷經艱苦，但生活極具人情味，不論是街坊街里的情義，以至鄰里之間的關懷，甚至是血緣之間的牽絆，都是當年香港人最深切的情誼，同時亦是造就今天香港最主要的因素之一。

　　跟長輩傾談，經常都會聽到他們說，「以前的人啊……比較單純，比較容易相處，人與人之為間的關係更為緊密，以前的人更重視情義兩字。」然而，現今的香港人縱使與住隔壁的鄰居相處多年，卻早已沒有一點鄰里關懷，即使是親友間的連繫亦大大減少。香港人隨著社會的發展及成長，換來的卻是人心都變得冷漠無情，對身邊的事物變得漠不關心，很多人更有著「事不關己，己不勞心」的心態。面對這樣的一個香港，我們現在最需要找回的是那一份最真摯的人心，正是香港人將近消失的「人情味」。

北角春秧街電車路

香港人的集體生活回憶「公共屋邨」

香港的公共屋邨[1]，俗稱「公屋」，是土生土長香港人的回憶。過去香港經濟剛剛開始發展時，大多數的基層人民都是居住在寮屋村內，經濟條件普遍差，到了五十年代，殖民政府為了安撫居民、協助民生，便興建起徙置區。到了六十年代，為了實踐人人上樓有屋住，還推出了「政府廉租屋計劃」，讓人民可以用低廉的租金承租政府房間，所以當時的公營房屋就稱為「廉租屋[2]」。於是人們都有瓦遮頭，並且有了自己的家。直到 1973 年「徙置事務處[3]」與「屋建會」兩大政府建屋部門，合併為現在的「房屋署」，從此所有廉租屋及徙置大廈均合稱為「公共房屋」。

在舊式公屋中可以看到長長的走廊，把無數戶人家連結起來，每家每戶有自己的間隔和鐵閘大門，走廊及大堂成為了孩童玩耍的天地，有些還沒完成功課的孩童，就只能隔著鐵閘和布簾偷望著外面的情況。最重要的是，這裡有著守望相助的街坊鄰里，大人們會把麻雀枱抬到走廊正中央，隔壁鄰舍就像約好般準時齊集「開枱」，這一切都是以往公屋獨有的常態，而且當時的香港人更在公屋裡衍生出各種屋邨文化及情誼，還有無數的小城故事。此外，公屋更孕育出不少天王巨星及名人。

1　「邨」：ㄘㄨㄣ，聚落；村的異體字。

2　「廉租屋」：是香港屋宇建設委員會（屋建會）興建的公共房屋，共有十個，於 1958 年至 1975 年期間落成，包括已拆卸的北角邨、蘇屋邨，以及現存且著名的華富邨、愛民邨及彩虹邨等。到了現時仍會有人叫「公屋」為「廉租屋」，故此亦算是公屋的一個俗稱。

3　「徙置事務處」：於 1954 年成立，成立初期是負責管理因 1953 年石硤尾寮屋邨大火而興建的徙置區，亦是香港第一個公共屋邨「石硤尾邨」。事務處興建及管理合共 25 個徙置區，其所有的建築中，現存除了只剩已改建的美荷樓及將拆卸的石籬（二）邨的第 10 及 11 座，合計共 3 座大廈外，其他建築物已全部拆卸並重建。

獅子山下的日子

歷史最悠久的屋邨
美荷樓 @ 石硤尾邨

· 落成年份：1954 年
· 古物建築評級：一級歷史建築物
· 地址：九龍深水埗石硤尾邨 41 座

　　香港最初的公共房屋就是石硤尾邨，因在一九五三年的聖誕夜裡，石硤尾寮屋區發生大火，導致五萬多名災民無家可歸、流離失所，進而迫使當時的殖民政府逼不得已，直接干預香港的房屋事務，並於災場原地起興建起兩層高的「包寧平房*」和徙置大廈，然後打造出了第一個公共屋邨「石硤尾邨」。

　　屋邨於 1954 至 1963 年期間逐步落成，共有 29 座 6 至 7 層高的 H 型徙置大廈，每個單位約只有 120 平方尺（約為台灣的 3 坪），供 5 個成年人居住。單位內沒有水電供應，至於廁所、浴室及水龍頭都統一建在每樓層的正中央，居民的生活日常不是待在自己的房子內，就是在長長的走廊上跟鄰居交流及乘涼。至於美荷樓則是首批建成的八座徙置大廈中的其中一座，並只稱為 H 座，直到 1981 年大廈重新改建，並為每個單位加入獨立廚房及廁所後，從此正式

命名為「美荷樓」。到了 2000 年石硤尾邨的舊式大廈都要
進行清拆重建，後來只剩 4 座沒有被拆卸，並以其他計劃
一起進行但卻被荒廢了多年。最後在 2009 年，美荷樓正式
動工改建為青年旅館，同時加入了大量現代化的公用設施，
並於 2013 年竣工成為了現在的美荷樓青年旅舍。

被遺忘的歷史

　　在 1956 年的九龍雙十暴動期間，石硤尾邨內的居民大
部分都支持中華民國，因此在雙十節期間，居民就在邨內
掛起了滿滿的中華民國國旗。不過美荷樓也因高掛著「中
華民國萬萬歲」的六層高高幡，便成為了暴動的核心地帶。

＊「包寧平房」：英文名為 Bowring Bungalows，這些平房每個單位約只有 150 平方尺（約
　為台灣的 4 坪），供 3 至 4 人居住。由於居民需要共用廚房及洗手間，所以在包寧
　平房內生活條件相當差，但因為居民的舊寮屋已經被燒毀，也總算是有一個暫時的
　居所。而這些平房由工務局負責設計和興建，因此以當年的工務局長包寧（Bowring）
　之名字命名，叫「包寧平房」。

國際聞名的彩虹屋邨

彩虹邨

· 落成年份：1962 年
· 地址：九龍牛池灣彩虹邨紫葳路 2 號

　　彩虹邨近年成為旅客來港必到的打卡勝地，但其實這個公共屋邨亦屬香港最早期興建的公屋之一。現在接近 60 歲的彩虹邨，在剛落成的早期也曾經「威水*」過一時。首先，屋邨在開幕儀式請來了當時的港督柏立基主持。對當年的人來說，能夠入住公屋是一件非常幸運和興奮的大事，而且屋邨的設計融入了當時極流行的「包豪斯風格」，整個屋邨是由著名、百年英資投資建築工程公司「巴馬丹拿」負責，其設計為每一個單位加入了獨立廚廁，與當年其他的公屋設計不同，而且它更在 1965 年榮獲「香港建築師學會設計銀獎」，所以當時入住彩虹邨是一件非常風光的事。

*「威水」：意思指了不起、很厲害。

此外，屋邨落成初期更有不少外國高官前來彩虹邨探訪，包括美國副總統的尼克遜（1964 年）、英國瑪嘉烈公主（1966 年）、英國皇室成員雅麗珊郡主伉儷及港督麥理浩（1980 年）。當年住在彩虹邨的居民都有一個獨特的小興趣，那就是居民只要走到大廈的高層梯間，便能遠眺啟德機場的飛機升降景象，這可是當時其他公屋沒有的特色機場風景。不過，隨著時間的流逝及城市的發展，啟德機場需要遷到赤鱲角作擴充，至於啟德機場則在 1998 年正式關閉並拆卸。

彩虹邨內設有完善的生活配套，更有著充滿歲月痕跡的老舖，而這些店舖種類都是因應居民日常所需而生，例如辦館、雜貨店、藥房、鐘錶行、舊式理髮店、酒樓、文具店等一應俱全。香港的公屋邨內會按照邨內的人口戶數而提供不同的配套，越大型的屋邨配套自然越多。如今的彩虹邨會再次成為世人的熱話，是因為其獨特的彩虹色大廈外牆令攝影發燒友瘋狂愛上，更吸引到不同國家的明星前來取景拍攝。

特別收錄 1

屋邨人情味快餐店 - 愛群快餐店

· 開業年份：1982 年
· 地址：九龍彩虹綠柳路 8 號彩虹邨金碧樓地下 11 號舖

　　一般人提起快餐店必定會想到連鎖快餐店，而在東九龍區成長的人們，大概就會想起這間港式快餐店。愛群是彩虹邨內著名的街坊快餐店，幾十年來，早已成為

街坊們解決三餐的聚腳點，孩童在周末不用上學，就到樓下愛群吃個下午茶，「一份生炸雞髀＊配薯條搭一瓶冰凍可樂」就是街坊最推薦的美食。老闆曾說過他們家的雞髀高峰時期，平日每日可賣出一百隻，而且筆者就有認識的富豪會特意開車過來品嘗。愛群以售賣雞髀、三文治、漢堡包、熱狗及碟頭飯（類似蓋飯）為主，價錢非常大眾化，而且份量豐富、味道佳，內裝更維持著八十年代的塑膠風格，塑膠椅鑲實地板，紅色搭黃色的櫃台與餐牌，要在舊式收銀處購票再到櫃台取食物。這一切都充滿著回憶的人情味道！

　　港式快餐店於上個世紀七、八十年代興起，人們對用餐的要求離不開「快、靚、正、平」，然後在短短二十年間便出現很多大大小小不同種類的連鎖快餐店，而且各屋邨在建成時都會連帶、至少有一間連鎖快餐店設在屋邨商場內。不過，舊式屋邨內的小型快餐很多時候因租金壓力而倒閉，因此愛群快餐是少數仍然營業的屋邨小型快餐店。

＊「雞髀」：廣東話中的雞腿。

特別收錄 2

小城中的舊機場－啟德國際機場

　　香港啟德國際機場啓用於 1925 年，曾被譽為「全球十大危險機場」，它為香港服務了近八十年，過去住在啟德周邊的人們都曾有過被巨型飛機輾過頭頂的獨特經驗，畫面也相當震撼。1998 年啟德國際機場搬遷，在當年是香港的一件世紀大事，大家都在電視旁收看機場跑道的「關燈儀式」；自此，啟德上空重回平靜，政府亦於同年正式撤銷為保障機場航道安全而訂立的九龍區建築物高度限制。時至今日，啟德地區於近幾年才開始「啟德都市發展計劃」，原機場的地皮重新規劃，並建起全新的啟德郵輪碼頭。

「事頭婆」都來訪的名牌屋邨
愛民邨

· 落成年份：1974 年
· 地址：九龍何文田十二號山忠孝街 60 號

　　愛民邨是一個非常「威水」的公屋邨，它有著「九龍模範屋邨」之稱，是位於九龍一座小山上的屋邨，過去地鐵還未通車到何文田時，居民在山上屋邨的生活都被外界視為「原始」。另外，還有一些黑歷史，因為屋邨位置的最早期約二十年代時是羅馬墳場、亂葬崗，所以愛民邨亦是一個鬼故事勝地。愛民邨是房屋署組成後才落成的第一代公屋，整個屋邨的佔地是全九龍城之最廣，共 21 英畝（約 11.9 個足球場的大小），更是首座設有公共天線系統的公屋邨，當中有兩座大廈是首批各單位均配備兩間房及浴缸的公屋大廈，而且部分高層單位更可遠眺維多利亞港。

最令愛民邨街坊自豪的事情，莫過於大部分的老街坊都見過「事頭婆*」，即英女王伊利沙伯二世（台譯：伊莉莎白二世）。在英女王首次訪港時，愛民邨作為第一代公屋剛落成，於是英女王伉儷便來參觀，當時吸引了大批遊客和市民圍觀，全邨塞滿了記者做拍攝和採訪工作，市民與英女王之間只是一步之隔，更傳出在此期間有人伸出手輕撫了英女王的臉頰。當日熱鬧的畫面在老街坊的印象中仍然歷歷在目，是可以炫耀一輩子的「威水」史。另外，因為當年電視城和各大電台都設立在附近的廣播道，所以愛民邨亦曾是大量經典電視劇和電影的拍攝場地。順帶一提，邨內有數座雙塔式大廈（俗稱井字型公屋），其中央設有巨大的井形天井，是現今攝影師們最愛的打卡點之一。

---

*「事頭婆」：意指老闆娘。在英治殖民時期，香港公務員的老闆就是英國君主，即現在的英女王伊利沙伯二世，加上英女王一直被受香港人敬重及愛戴，所以「事頭婆」就成為了香港人對英女王的愛稱，而在英治港府時期的公函抬頭都會標上「On Her Majesty's Service（為英女王陛下效忠）」以示英女王的崇高地位。

英女王與一眾政府人員來到愛民邨探訪一戶人家，引來了上層和下層的街坊為睹穿著
粉紅色洋裝的女王一面，紛紛把頭伸出天井的欄杆外偷看。

PLus

事頭婆的高帥皇夫
向菲臘親王致敬 "SALUTE"

· 2021 年 4 月 9 日

英女王伊利沙伯二世的皇夫菲臘親王（台譯：菲立普親王）逝世，消息震撼全英，全球多個國家領袖和皇室均表致哀，更觸動到無數香港人的心，大家都很婉惜亦為此冀盼英女王能夠釋懷及身體健康。

"GRIEF IS THE PRICE WE PAY FOR LOVE"

QUEEN ELIZABETH II

・2021 年 4 月 17 日

隨著英國皇家儀仗隊奏起菲臘親王親選的樂曲《I Vow to Thee, My Country》，全英甚至在遠方收看直播的香港人都一同默哀，並看著親王用了 16 年親自設計的 LAND ROVER 靈車載著靈柩慢慢地移進聖喬治禮拜堂，禮炮鳴放，英國國歌《GOD SAVE THE QUEEN》緩緩的奏起，無數的香港人亦不忘本，流著眼淚送別親王，並紛紛在官方線上直播以英文祈禱但願親王能安息，同時感激及感謝菲臘親王過去為香港作出過的無比貢獻。

菲臘親王給香港的貢獻

愛丁堡公爵菲臘親王 1921 ～ 2021

在四次正式訪港前，其實菲臘親王早就來過香港，當時還不是皇夫的他曾參與日本沖繩戰役（代號為「冰山行動」），直到 1945 年二戰結束後，他跟隨英國皇家海軍艦隊登陸香港，並協助香港重光，為這個因日佔而淪陷了的香港重新帶來了希望。到了 1956 年，維多利亞港旁的一個廣場落成，並以英國愛丁堡公爵菲臘親王命名，這就是現在的「愛丁堡廣場」，而且這裡和舊皇后碼頭更一度成為了中環的中心地標。直到 1959 年，菲臘親王親臨香港授予

港府正式使用的香港盾徽；其後伊利沙伯醫院和菲臘牙科醫院開幕，菲臘親王都有親自主持奠基典禮。親王每次到訪香港都會吸引大量市民夾道歡迎，有人會舉著親王的畫像，也有人會掛起英國國旗，長久以來，他都相當深得香港民心。另外於 1961 年，菲臘親王更於香港設立了愛丁堡公爵獎勵計劃（Duke of Edinburgh Award），以鼓勵青少年自我完善、實現獨有的生命價值，為無數的香港年輕人帶來了啟發和希望。

"SALUTE TO PRINCE PHILIP, DUKE OF EDINBURGH. RIP."

香港唯一的圓筒形建築設計屋邨
勵德邨

· 落成年份：1975 年
· 地址：香港島大坑勵德邨道 2 ～ 38 號

一個置身於香港島其中一個豪宅區的公屋，除了一直以來是全香港唯一的圓筒形設計公屋而聞名之外，其落成的初期更是當年最貴租金的公屋群。整個公屋邨由三座大廈組成，而其中兩座則是以雙圓形大廈構成。因為勵德邨正好代表並象徵傳奇的「鄔勵德原則」設計理念，故此才把屋邨命名為勵德邨，以感謝鄔勵德（Michael Wright，1912 ～ 2018）對香港公共房屋的貢獻。

勵德邨的設計，最獨特的是其圓形的大天井，它能讓大廈內的空氣流通，走廊也能自然彩光，而且每個單位門前可互相對望，進而增進鄰里之間的互動和溝通；這個天井型的設計亦大大影響到同期的屋邨建築與構思。勵德邨另一個令人入住了便不想離開的原因就是其位置，位於

大坑的半山區，鄰近購物熱點銅鑼灣，以及學生最愛的香港中央圖書館，加上交通便利，畔鄰就是名校區。還有，勵德邨大部分單位都能欣賞到香港最貴的風景「維多利亞港」，故此能成為香港最美境及最獨一無二的公屋之一。

因「公屋之父」而得獨立廁所

　　第一代公屋在規劃時沒有考慮太多公共衛生和私隱問題，要在趕緊的時間內蓋好大量徙置大廈，好讓流離失所的人民都有瓦遮頭，所以第一代公屋在設計規劃時，只是簡單把廁所、浴室及水龍頭都統一設置在每樓層的正中央，以共用形式讓居民可隨意使用。正因為這種設計及安排，反而引起了無數的色魔偷窺，對女性居民構成危險及威脅。當時有「公屋之父」之稱的工務司鄔勵德，作出了對公屋的重大改革，原因是他在二戰時曾被俘虜，遭囚禁在牢獄的歲月中，有過要跟四十位不認識的人共用房間及廁所的經歷，這令他感受到「完全沒有私隱」，並為華人擠迫的居住環境而感到羞愧。直到 1963 年，他成為了工務司負責設計及興建公屋，並大力提倡公屋單位內應有獨立廚房及廁所，這才是對人應有的尊嚴。後來房協採納其建議，將後來蓋好的所有公屋都加入「獨立廚廁」並列為必備原則，而該建屋原則就被稱為「鄔勵德原則」。

大屋邨・小生活

　　以前的舊公屋，單位小小，一家人的距離亦相當貼近，房子內更沒有特別的間隔，不像現今會在房子中劃分房間，讓每人都有各自的私人空間。以前的公屋，人們吃飯、聊天、睡覺，所有日常生活都待在一起，最常見的環境莫過於一間房子內放一張碌架床，一家四口爸媽睡下格床，兩

個孩童就住在上格,然後一張木摺枱和幾張摺凳,一半是孩童做功課的地方,一半則是媽媽擇著菜豆準備飯菜,還有一部方箱大電視播放著賽馬直播,爸爸一邊拿著馬經一邊緊張的看「馬仔」,一家人「樂也融融」、「熱鬧非常」。以前的人因為沒有空調,都喜歡開著大門通風,所以走過每戶人家的門前,都能把街坊房子內的大小事情看光光。不過這也就是屋邨的常事,因為這樣更讓鄰里間的溝通增加,街坊之間就更能守望相助了。

師奶強人的誕生

自七十年代開始香港經濟崛起,在公屋中生活的家庭主婦,同時營造出了另一種香港獨有且舉世聞名的「師奶

文化」。當時屋邨內的丈夫們通常都是唯一的家庭支柱在外打拼，而且收入已經足夠養活全家人，所以很多妻子都會留在家中，專心相夫教子並打理家頭細務，買餸（菜餚，音ㄙㄨㄥˋ）做飯，掌管家中財政等。在日復日身兼多職的日常中，把整副身心都投放在孩子和丈夫身上，導致妻子的外貌開始「日久失修」，由窈窕淑女養成了肥美得不修邊幅的大媽。為了打理好頭家，妻子們更練成了一種幹練、善於管理和對數字精明的鮮明性格，但與此同時亦因為與現實社會脫節太久，只活在日常的小圈子中，換來了單純不懂世面的一面，這就是我們俗稱的「師奶」。

師奶們最拿手名菜之「藤條炆豬肉」

　　以前的育兒方式都是以打罵聞名，有一句香港俗語常說「細路唔打唔得大」（孩童不打不會長大懂事），在屋邨內的孩童，有幾多個不是被阿媽拿著藤條追幾條街打著長大呢！至於用藤條鞭打小孩就叫「藤條炆豬肉」（台灣稱「竹筍炒肉絲」），那種用藤條打下來的顫抖及赤痛，單是想想都覺得痛；打下來造成的紅瘀「烙印」要足足幾天才會消退，痛楚亦會持續幾天。以前的孩童都是被藤條、拖鞋或卷報紙等物品打著成長的，至於體罰的意義則以小小的痛楚代替，讓孩童記住了「錯不可再犯，不然就會有皮肉之苦」，所以怕痛就要乖乖的，也導致以前的小孩子比較會聽大人的說話。不過時至今日，別說是打孩童，現在只要是大聲一點罵孩童，孩童的反應已大不如前；體罰過度很可能會被報警求助。

筆者小時候也常常被「藤條炆豬肉」，因為在家裡面常常跟姊姊打架，阿媽命令向東走，兩姊妹永遠要相反向西走，所以常常一起受罰，被罵得慘就會回嘴、駁舌，氣得媽媽用藤條招呼我倆，所以家中經常備有藤條。一條細細、幼幼的藤條就是媽媽的武器，一旦做錯事，藤條就會不知從何出現，把我倆打到飛起。還有，有好幾次默書不合格怕被打，便偷偷把藤條收藏起來，媽媽看到成績要打人時找不到藤條，就會隨手拿起東西來打，這個東西最常見的可能是拖鞋，因為「在腳上一脫就有了」，或者是在桌上做功課必有的長長膠間尺，再嚴重的又可能是鐵間尺，都不記得它從何而來。但當這些物品通通都給打爛時，就會出現打得最痛、最強武器……雞毛掃（雞毛撢）和衣架！小時候，兩姊妹都不知打斷了多少藤條和間尺，也都學會了「沒事見到雞毛掃出現時便暗暗的把它收好、藏好」，免得遭挨打時它隨時變成殺傷力最大的武器。

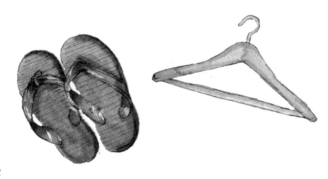

　　其實作為女生我們不算壞，而且在外人眼中，我們都是非常乖巧的小朋友，因為在外面不太會哭鬧，也不太會嚷著要買玩具。正所謂我們深知哭鬧、不乖就會當場被教訓，亦學會了被罵時不能大哭大鬧，因為只會打得更慘。以前的人就是這樣被打著長大的，不過縱使要體罰亦應適可而止，不能過分使用武力。以前的父母會有打在你心，痛在他們心的感受，但現代用體罰來教訓小孩已經是不太可能的事，因為現今社會講求的是「凡事應先講道理」，縱使孩童還小不懂分辨，但作為家長的更應懂得控制自己的情緒，養育孩子既是為孩子上成長課，更是家長們的人生大課題。

過去，屋邨師奶繁忙的一天

早上 6 點半：起床為一家人埋頭準備早點

可能是煮個白粥配一點（豆）腐乳就能成一餐；狀況好一點時，可能會配條油炸鬼來吃。

早上 7 點半：帶小孩上學去

早餐過後爸爸也會去上班，早上的屋邨內走廊上永遠都朝氣十足，因為到處都會聽到孩童的叫玩聲或者是哭鬧聲。

早上 8 點半至 9 點：自己吃早餐

難得的私人時間，可以跟朋友吃個早餐聚一聚。

早上 10 點：去街市買餸

在這段時間，街市內經常「人頭湧湧」，因為都是師奶們出動的時刻，豬肉檔、魚檔、菜檔，都是師奶強人使出殺價功夫的地方。

中午 11 點：做午飯

買好餸就要急忙回家準備午餐給快放學的孩子。

中午 12 點：接孩子放學

到學校接孩子放學，或是等校車到達。此時亦是家長們溝通聊天、炫耀的時機，有的師奶會找隔壁街坊幫忙接送，有些年紀比較大一點的孩童就會跟同學一起走路回家。每當路過文具、玩具店就是孩童們依依不捨的時候，在孩童的心目中，買不到的玩具永遠是最好玩的，同學家的玩具永遠都是最新潮的！

下午 1 點：跟孩子一起午餐

午餐，通常都會煮比較簡單的菜式，亦可能是簡單一碗麵食。因為吃完飯還要洗碗，所以心情好或是剛拿到家用時，就會「豪」一點到外面吃飯。

下午 2 點：當一個好媽媽時間

監督孩子做功課，同時做做家務，孩童寫好功課，都喜歡跑到隔壁街坊家玩耍，一直玩到晚飯時間。不過，有時候會從走廊的不遠處突然傳來

打罵聲，原來是阿小明默書又不合格了，或者是阿小美功課、課題怎麼做都不懂，氣得媽媽要使出史上最恐怖的育兒絕招「藤條炆豬肉」！

下午 3 點：師奶們最愛的消遣時間

每日難得的空閒，有些師奶就會相約附近街坊，到走廊消遣互動「打麻雀」；有人準備麻雀枱，每人再各自拾自己的椅子，有人準備點心茶水，「開枱喇！打返幾圈先！」

下午 5 點：回歸賢妻良母 MODE

收拾「殘局」，收拾心情，開始準備晚餐。

晚上 7 點：晚飯時間到

一人家最齊整的時間，一邊「電視汁撈飯*」就是最常見的畫面。如果孩子還小媽媽們都會忙著照顧孩子沒法吃飯，所以通常最後吃飯的人都是媽媽。為了不讓家人吃隔夜餸（隔夜菜），又不想浪費食物，所以媽媽通常都會把「餸頭餸尾吃掉」才洗碗，所以常見的師奶體態都是這樣養成的。

晚上 8 點：媽媽和孩子的大鬥法（上）

催促孩子洗澡，做好功課，不要看電視去溫習功課，然後為年幼的孩童洗澡。以前經常會看到的畫面是，小孩脫光光不願意洗澡，就光著身子通屋跑；然後爸爸通常坐在梳化看電視。

晚上 9 點：媽媽和孩子的大鬥法（下）

催促現在看電視的孩子去睡覺，又是一個哭鬧不絕的時間，孩子永遠都是那一句「睇埋呢套劇先瞓啦！」媽媽永遠是那一句「現在立即上床瞓覺！」然後爸爸依舊還是坐在梳化看電視。

晚上 9 點半後直到關燈一刻：湊完小朋友湊大朋友

照顧丈夫時間到了，但通常爸爸們仍然是坐在梳化看電視一動也不動；媽媽開始為爸爸準備宵夜點心，同一時間更要為明天孩子的上學做準備，例如小息點心、校服等等，直到丈夫捨得去睡覺，一天的工作才完結。

*「電視汁撈飯」：捧著飯碗，邊吃飯邊追看電視節目。

特別收錄 3
老豆最愛「睇馬仔」

　　睇「馬仔」即賭馬、賽馬，對於一個香港家庭來說就是「有人歡喜有人愁」，為什麼會這樣說？因為一邁入馬季[1]，基本上每個深夜電視台都會播放賽馬，而且每個星期的周三及周日都是基本的賽馬日，即是從中午開始整個下午都是跑馬時間，電視台全天候播放著一整天的跑馬賽事，有時更會下午跑完，晚上又有另一場賽事；

一時本地賽事，一時又國際賽事。意思就是說，電視一
整天直播著賽馬實況。作為一家之主的爸爸此時此刻，
大多都會整天沉迷在賽馬節目中，懶洋洋的橫躺著整張
三人沙發上，一邊看直播分析，一邊「刨馬經 [2]」（研究
馬經內容），誓要贏到一場半場為止。爸爸的視線離不
開「睇馬仔」，電視一整天就不能轉台（轉換頻道），
作為孩子的對賽馬日就絕對會恨之入骨，防礙著周末難
得的「電視汁撈飯」時間。這時家中如果沒有兩台電視，
或者媽媽不讓外出嬉戲的話，就只剩無奈的困在家中「扮
勤力」溫習功課，這對孩子來說絕對是晴天霹靂！

　　香港的賽馬活動已有一百多年的歷史，在英國殖民
初期便由英國人引進香港，而且香港首座正式馬場，便
位於跑馬地黃泥涌。香港賽馬史的初期只有英國人和外
國人才能參與，而且馬場裡英國人專屬的看台更是不允
許華人進入觀看比賽，當時賽馬絕對是上流社會的休閒，
是平民高不可攀的活動。直到 1926 年後，賽馬才真正開
放讓華人參與。在 1980 年代，中英也曾針對「香港前
途問題」進行過談判，當時鄧小平先生就承諾，香港在
1997 回歸後會維持「馬照跑，舞照跳 [3]」的生活，作為

香港主權移交中國實行「一國兩制」的重要方針指標。
時至今日，除了賭馬已成為大眾同人最愛的賭博活動之
外，其他馬會的活動仍然是專屬上流人士的玩意，像是
成為馬主、拉頭馬等，平民就只能在電視上觀看。

　　一般人賭馬的心態主要離不開以下三點。第一點就
是刀仔鋸大樹心態，為賭而賭。本少的賭博，贏了就有
大大的收穫，但賭徒從來都沒有自覺，到底要付出多少
次「小小的成本」才能換來一次的大大收穫呢？一生都

沒有贏過一次的大有人在。第二點是為娛樂，小賭怡情。第三點則是培養自己眼光，贏馬除了要講求運氣，還要了解馬匹、練馬師、騎師、場地和天氣等的配合，所以一場馬的勝出是需要經過多人的努力，賭者要了解一切，並作出分析才有贏馬的機會。不過，以筆者爸爸過往的賭馬經驗來說，他的朋友很喜歡問他、拿賽馬 TIPS，要他建議「買哪一隻才會贏？」然後，通常他建議買的，勝出的機率都非常高，弄得朋友們常常贏馬贏得非常開心，但是……當他「自私玩」自己買自己 TIPS 的馬時，通常都是輸！如果不幸的把這個星期的零花錢輸個精光，就要無奈的面對師奶老婆的「客氣招呼」，問老婆可否拿點錢來過活。雖然老婆通常不會用對孩子的絕招「藤條炆豬肉」來對付老公，但想想都知道……肯定一點都不會讓人好過。

1「馬季」：即可以進行跑馬的月份。在香港，一般來說是指每年的 9 月上旬開始，至翌年的 7 月 15 日前完結。

2「馬經」：即賽馬分析及報道的報紙。

3「馬照跑，舞照跳」：意思是指在中國接管香港後，會維持香港原本的歌舞昇平，以及繁榮穩定的高品質生活水平，並維持五十年不變。

特別收錄 4

住在寮屋的日子

　　於上個世紀四十年代開始，因為國共內戰嚴重，導致大量內地人民往南逃跑，來到英屬香港，史稱「大逃港」亦是香港俗稱的「偷渡潮」。這些人來到香港後陸續在市區邊緣和山邊擅自搭建起房屋棲息，並形成了逐漸擴大、非法佔地而建的臨時房屋區，就是「寮屋區」，也就是非香港原住民村落。

　　當時大部分寮屋都是以木材及鐵皮搭建而成，建築非常簡陋，而且環境十分擁擠，衛生也相當惡劣，更經常發生火災等意外。隨著寮屋不斷發展，以磚頭和石塊作為搭建材料亦漸普及，到後期甚至有採用鋼筋水泥來蓋成永久結構的寮屋出現。雖然殖民政府沒有為寮屋區提供任何公共設施及服務，但為了保障寮屋區內居民有水飲用，政府還是按照 500 個居民分配一個「街喉」的比例，於寮屋區添加了「街喉」作為供水設施。到了五十年代中期，殖民政府開始清拆市內的大批危建唐樓，

茶果嶺村，建村於清朝初期

以致大量住戶被迫遷出，但由於當時的政府沒有做安置
和補償的政策，人們無力負擔私人樓宇單位，寮屋便成
為臨時棲身的解決良方。直到 1961 年時，單是市區寮屋
人口數，已超過 35 萬人。

　　生活在寮屋雖然艱苦，但卻有著獨有的人情味，因為居民自小就養成互助互諒的精神，在物資匱乏的年代，區內的居民都會共享資源，家門常開以便互相往來探望。在這窘迫的生活環境下，大家都養成了遷就及忍讓，以避免產生磨擦，久而久之就建立了鄰里之情，這也是現今香港社會欠缺的情義。

　　一直到了 1953 年，石硤尾大火燒毀了該區所有的寮屋，殖民政府才正式改善房屋政策，落實並興建起公共屋邨以安置居民，從此寮屋的數量才逐漸受到控制。到了 1982 年起，政府開始將所有寮屋進行登記，居民不能再自行擴建，否則會失去清拆寮屋時入住公屋的資格。對於當時居住在寮屋的人來說，能上樓就是大事，所以大部分的寮屋居民接到政府給予遷進公屋的機會，就像是中了頭獎般，令人興奮。時至今日，現存的寮屋區為數不多，而且大多面臨清拆重建的局面，當中包括了歷史悠久，擁有四百年歷史九龍區的茶果嶺村（即將清拆），以及擁有二百年歷史的薄扶林村和牛池灣鄉（即將清拆）、竹園鄉（即將清拆）、新界的九華徑村和古洞北（即將清拆）等。

經典香港製造 made in Hong Kong

　　眾多本地老品牌伴隨著香港人成長，很多時候人們都不以為意，沒留意到他們其實一直在日常生活中出現，或是曾經出現過。直到這些老品牌逐漸被人們淡忘，剩以下的甚至可能會遭淘汰。現在，就讓我們一起回憶一下這些老品牌的代表性產品，看看你們是否也曾是他們的使用者吧！

駱駝牌

· 創立年份：1940 年

　　擁有八十年歷史的香港老品牌，由香港商人梁祖卿創立的「唯一冷熱水壺廠」，是香港少數仍然堅持整體製作和零件都是香港本土製造的工廠。其品牌的產品以駱駝為商標，反映著水壺的功能，以及祈望公司上下能風雨同舟，始終堅持。駱駝牌還生產出當年香港每個家庭必備的玻璃膽真空壺，更暢銷到東南部和歐美國家，成為不少國際酒店和餐廳的指定供應商。

147 水壺

　　於 1947 年推出、問世（1 意思是 1 升，47 則代表推出年份），是駱駝牌最受歡迎的產品。其外觀以壺身凹槽設計而聞名，147 水壺美觀又耐用，還會為壺身印上不同的圖案以吸引不同的使用者。時至今日復古風潮回歸，147 水壺熱潮再現，換上了現在時興的顏色新衣，甚至還瘋傳到了日本及台灣，成為現今文青最愛伴手禮之一。

MADE IN HONG KONG

唯一冷熱水壺廠有限公司

WEI YIT VACUUM FLASR MANUFACTORY LTD

SINCE 1940

冷熱不爆、名廠傑構

一味靠滾、勝在好膽

CAMEL

駱駝長壽水壺

紅 A

· 創立年份：1949 年

　　紅 A 是星光實業有限公司旗下的品牌，紅 A 產品一直圍繞著香港人的日常生活，更是上個世紀六十年代風靡一時的塑膠產品品牌，而且塑膠業曾是香港的黃金工業，加上塑膠輕身、耐用且價廉物美，生產種類多不勝數，故此能夠完全融入平民百姓的家中。另外，紅 A 更是現今少數仍堅持香港製造的老品牌，當年香港製水時期每人都是拿著一個紅 A 膠桶來裝水回家，大牌檔茶餐廳內用的座椅，由以前到現在都是紅 A 的膠櫈，所以紅 A 絕對是港產塑膠產品的名牌。時至今日，紅 A 更會跟不同的時下品牌推出聯名產品，為品牌融入新世代而邁進新的一步。

水桶

到處能見的膠水桶，打掃、清潔、淋花、洗碗……功能多多，人生必備用品之一。

膠櫈仔

小孩專屬座位，有時又會是媽媽墊腳的工具，更是蹲在地上工作時的座椅。

燈罩

在香港的街市內必定會看到的紅色燈罩，魚檔、菜檔、生果檔、雜貨舖等店舖，店內都是用這款燈罩。

方櫈

輕便又方便收藏，而且坐著時四平八穩，是茶餐廳、大牌檔必備椅子。

漏斗櫈

紅 A 的經典產品及設計，漏斗
造型的椅子，在櫈面可印上不同的卡
通圖案，拆開後裡頭又可以存放物
品。還有，這個椅子的外觀設計更是
擁有了專利權。

痰罐

在很小、很小的時候，曾在老人家家
中看過；老人家會用來放在床邊方便吐痰時
使用，有小孩的家庭，就會放在睡房供小孩
學習尿尿時當尿壺用。

太空唥

香港七、八十年代中小學生
及上班一族必備的書包、公事包，
以「硬淨」又防水而聞名。當年推
出時，標榜著「跌唔爛，踩唔扁，
落雨唔怕淋濕，可以當櫈仔坐！」
當時太空唥一出，完全風靡全港。

利工民

· 創立年份：1923 年

　　香港爺爺們最愛的港產「阿伯底衫」和保暖內衣，創立近百年，是香港歷史最悠久的內衣生產商，連已故超級武打巨星李小龍和著名電影人周星馳都是利工民的粉絲。

　　利工民創立初期原本以廣州作為基地，幾年後便移師至香港設立廠房，於上個世紀八十年代，香港的紡織業面臨衰落之時，品牌仍然堅係香港製造至今。「著番件利工民秋蟬牌羊毛衫啦，好暖嫁！」是利工民廣告中的一句經典對白，令利工民內衣成為一時佳話。每個香港人至少有幾件內衣在家備用，品牌以金鹿、籃鹿、光華及秋蟬等區分幾個不同系列，主要以杏啡色羊毛衫及白色汗衣示人，

款式則以圓領和亨利領為主，其主要的分別是用料、應用上的不同。衣物質量細膩堅固，不易變形，面料亦更為柔軟舒適。通常，夏天時會穿它們的線衫，冬天就穿它們的羊毛內衣，利工民的內衣一直陪伴著香港人的四季變化，所以利工民是香港人的集體回憶，更是滿滿鄉土情懷的老牌子。

冬天穿秋蟬牌羊毛內衣，夏天穿金鹿牌線衫

成身暖晒，成身爽晒

金鹿線衫

　　利工民旗下最貴的品牌，李小龍最愛款式，他於幕前演出時都經常穿著。

秋蟬牌羊毛內衣

　　利工民旗下最便宜的品牌，是小時候冬天必穿杏啡色羊毛保暖內衣。如果直接穿上會好「拮」肉，所以必須要先穿上一件打底衫才行。

九龍麵粉廠

· 創立年份：1966 年

　　香港最後一間麵粉廠，屹立於觀塘海濱，外形獨特，
有著一管管圓柱狀的建築，大大隻字寫著九龍麵粉廠。在
上個世紀六、七十年代麵粉廠落成期間，觀塘區仍沒開始
填海發展，所以廠房建於海邊時是方便當年躉船泊岸，輸
送小麥進廠房。一直以來，大家都以為這已是停業的工廠，
但卻因為一場社會運動和世紀之疫，讓這幾十年來有著神

祕面紗、謝絕探訪的工廠，最近終於敞開大門，讓香港市
民重新認識他們幾十年來的默默努力與運作。其實幾十年
來，因為麵粉品質穩定優質，香港的飲食業界和糕餅業界
一直都指定選用九龍麵粉廠的麵粉，大集團如鼎泰豐、富
臨、小南國、萬麗海景酒店的中菜廳滿福樓，以及老字號
八仙餅家，都一直使用這裡的麵粉製作點心與糕餅。九龍
麵粉廠一直都是生產商用 50 磅裝麵粉供飲食業界使用，但
因 2020 年世紀之疫的突襲，香港出現搶米、搶廁紙及搶麵
粉等的混亂情況，在市面麵粉供不應求的情況下，九龍麵
粉廠便於逆勢中進行改革，推出全新家用一公斤裝麵粉系
列，以香港唯一一間麵粉廠出產的高質麵粉，來解決市面
麵粉短缺的燃眉之急。難得的唯一香港百分百製造的麵粉，
那份意義及味道更值得承傳下來。

藍水仙花低筋麵粉

　　使用 100% 北美入口最高品質的
小麥，以軟白春小麥研磨而成，是九
龍麵粉廠的招牌麵粉，是香港點心業
必用的包點製作食材。

香港特式老舖

　　現代的社會只追求科技的進步，逐漸忘卻了日常事物的基本——人、事、物之間的互動和聯繫。香港昔日以工業起家，到現在工業基本上已絕跡；老一輩的手工藝失傳，舊事舊物被遺忘；同時地人與人之間，人與物之間，那份「人情味」也在消逝。在香港碩果僅存的老舖，就是唯一能讓人感受到以往充滿著人情味的場所。

曾經是皇都戲院內的最後店舖

一百七十五年雨傘店
新藝城修傘店

· 開業年份：1842 年
· 地址：九龍深水埗荔枝角道 314 號 B1 地舖

　　第一次知道新藝城是筆者媽媽有一把很貴、很好用的雨傘壞掉了，不捨得丟，所以吩咐我去深水埗找新藝城。到了之後的第一個印象是老闆伯伯威哥很用心的為壞掉的傘子作「全身檢查」，然後三兩下功夫就像變魔術般把壞傘子急救還原了。接著威哥耐心地細細講解每種雨傘的正確使用祕笈，「開傘時要向天慢慢開，不能向下開，更不能轉傘，摺傘要震一震再向上推開」，這樣雨傘才能長命百歲！說實在的，在筆者的印象中，從來沒有人像威哥一樣這樣細心的教授用傘的方法。

門前招牌寫著「新藝城 清道光二十二年創」

威哥祖籍來自廣州，家族邱氏於清朝道光二十二年在廣州開設油紙傘店，更有間製傘小工廠。直到中共內戰，威哥父親南下逃難至香港，在深水埗落地生根經營小檔攤並改名為「大成」，最後傳承到第五代傳人威哥手中，才把店名改回「新藝城」舊名，專營賣傘及補傘生意。威哥因為愛雨傘，又酷愛藝術，視雨傘為藝術品，自己就是藝術家，所以從小便跟雨傘結下不解之緣。他對每一把雨傘都十分愛惜，認為雨傘乘載著人情。威哥幾十年來風雨不改，每天都會從荃灣住所來深水埗開店，所以客人如果把珍重的雨傘拿來請他幫忙修理，他亦會盡力為挽救。僅管補傘是蝕本又吃力不討好的生意，他都堅持自己對雨傘的鍾情，用心維修，而且每一位幫襯的客人都會感受到威哥對雨傘的重視，過去只有下雨天時才有人來賣傘，現在女士怕被太陽曬傷，前來購買陽傘的人也大幅增加，今天的傘店客人比以往反而更多。在新藝城買傘、補傘必定都要上一堂威哥主持的雨傘課，他不介意被廠商咒罵害人家做不了生意，能把舊傘都修好別再買新的，還盡力讓客人了解雨傘的真理，就是希望人們能善待從他手中接過的每件「藝術品」──雨傘！

大地餅乾

童年回憶的罐頭餅乾
梁太餅店

· 開業年份：197X 年
· 地址：新界屯門新墟河傍街 180 號新墟街市 S43 號舖

柑桔條

　　小時候筆者在屯門區生活過一段日子，常會跟媽媽到新墟街市買餸回家煮飯，而且每次都會經過一家小小的傳統餅乾店。在狹小的檔口中擺滿了一罐又一罐的餅乾，南乳椒鹽餅、馬利餅、威化餅、ABC 餅乾、肚臍餅等。以前上小學的時候，媽媽都會準備一個小餐盒，裡面都是我們最愛的零食餅乾，在小息時間就可以拿出來跟同學一起交換著吃，雖然每天的小餐盒內容都差不多，但就是上學時間最美好的時刻。

　　這家筆者小時候光顧的小小餅乾店就是店主梁太經營的，它隱藏在街市中央不經不覺都將近四、五十年，是一檔由同鄉承傳下來的小店，現在梁太已經是同鄉傳承的第

手指餅

方格威化餅

加拿餅

水泡餅

ABC 餅
（薏米餅的一種）

三代。據說第一、二代店主原本是在大興邨經營著小販檔，販賣著餅乾，第一代退休傳了給第二代同鄉「靚仔阿伯」，到了第二代「靚仔阿伯」也老了要退休時，就傳了給當時仍然年輕貌美的同鄉小婦人梁太接手經營。當時的殖民政府已開始管制小販檔的經營環境，便安排大部分的檔主遷入新建成的新墟街市內經營，自此梁太便成為了新墟街市之花，成為非常受歡迎的店主。

梁太剛接手時對餅乾毫不認識，技術都是由第二代店主逐一傳授。在不熟悉的經營環境下，每天獨力經營著小店拚命地賺錢，既要由零開始學習新知識，又要維持守業成本，更要負責孩子的學費，一人身兼多職又是新手老闆，還是家庭主婦，更是三個孩子的媽媽，每天堅持朝 7 晚 7 的埋手工作，為的最終都是想要讓家人生活得好一點。說真的，一個小婦人在這麼大的街市工作，從來不是件容易簡單的事，最難搞的莫過於是非人情，以及左鄰右里的態度和相處，特別是在同場有同類型店舖一起競爭，要生存就會感到身心疲倦。

夾心鳳梨餡

克力架

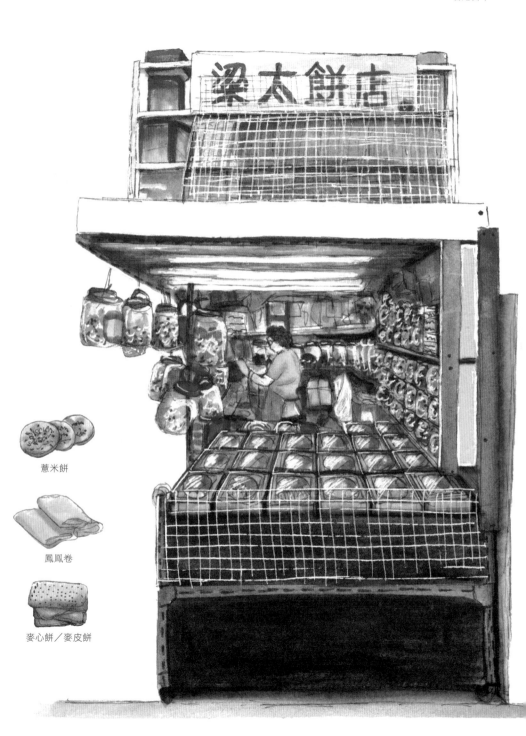

薏米餅

鳳凰卷

麥心餅／麥皮餅

梳打餅

檸夾雪克

肚臍餅

　　說到這種懷舊餅乾亦曾光輝過一時，因為這都是七、八十後出生的香港人的集體童年回憶。十幾年前這種罐裝餅乾非常流行，梁太回想以前整個屯門的老人院及同類機構，院舍內用的零食餅乾都由梁太一個人供應，每日外出送貨都是由她抬著 4 到 6 罐 9 磅裝餅乾送貨，而餅乾連鐵罐其總重量為每罐 11 至 13 磅，也就是每次要拿 40 至 80 磅（約 18 至 36 公斤）的餅乾。幾十年來日日如事，經常拿重罐餅乾的辛酸就是六十多歲的她，捱到雙手手指都近乎變形了，但再艱苦梁太仍然堅持每天準時開店，更高的成本都好，仍然堅持供應正牌港產靚餅乾，所以幾十年來不乏老街坊回來找梁太，因為梁太所賣的餅乾糖果都是優質產品。

南乳椒鹽餅
（鹹鹹甜甜，有南乳味，夾方包或饅頭，
老闆娘推薦，最受歡迎餅乾。）

馬利餅／茶餅
（以前的香港人下午茶時會拿來配奶茶吃。）

動物餅
（薏米餅的一種）

鳳梨餅

威化餅
（多種口味選擇，如芋頭、
朱克力、檸檬、香草。）

香港最後的造木船傳人
光明船廠

· 開業年份：1930 年
· 地址：香港島筲箕灣譚公廟道 29 號

　　香港在開埠前雖僅是一個小漁港，但對中國的航海貿易事業卻有舉足輕重的影響。因為由唐朝開始，屯門已是一個有文獻記錄的啟航港口及補給站，直到香港開埠後更是國際航海運輸業的重要關卡。同時，造船業也是香港開埠初期最主要的工業，還有著名的太古船塢和黃埔船塢等。除了造船之外也會為其他國家如美國、英國、西班牙等製作軍艦，所以香港的海事和 MADE IN HONG KONG 的船隻亦曾有著輝煌的過去。

　　過去，一艘艘中式木船揚帆、航行於維多利亞港中央的畫面，已成為香港的最經典，不說你不知道，全港現存六成左右的木船的製作，其實都出自同一家香港船廠的巧手——光明船廠。

　　見證著香港造船業由盛轉衰，於八、九十年代香港造船業仍然興旺時，光明船廠一年平均要製作 3 至 4 艘中式大木船。當時的船隻都是以木材製作，而至今保存在歷史博物館內的展覽船，以及仍然營運中的張保仔號及大張保，都是他們的手工精緻製造的木船。另外，香港唯一一艘中式古董木船鴨靈號的維修工程也是由光明船廠負責。

　　光明廠船經營接近百年，三代人都專注造船，對中式木船有著深厚的牽絆，亦有著現今香港僅有，仍然懂得製作傳統中式帆船的老師傅，但因時代變遷，想要在香港堅持正宗「香港製造」的船已是不大可能。隨著纖維船和鋼鐵船普及，貨櫃運輸業興起，現在香港的造船業和漁業都正面臨消失，加上木造船材料的缺乏，例如香港已經沒有桐油廠，亦沒有造船用的鐵釘，最重要的是沒有木材，大部分用來造木帆船的材料都需要外購，因此現在已經難以實現完整的「香港製造」。

鴨靈號

張保仔號

拜得神多，自有神庇佑

　　求神拜佛、入廟拜神；祈求出入平安，改運改命，事事順利，身體健康，求財發達，善結良緣，求得子嗣等，什麼都事要拜神。正所謂「拜得神多，自有神庇佑」，拜神是香港人的傳統文化之一，無論是到各寺廟參拜或是在家中置放的家神，都是希望神明會保祐自己，令自己的生活帶來保障和心靈安慰，而這些拜神習慣都是中國廟宇文化承傳而來的悠久歷史。

盂蘭勝會

一到每年的農曆七月，晚上出門大家都會份外害怕，為什麼？因為農曆七月就是我們俗稱的「鬼節」，又即是盂蘭節、中元節，相傳陰間地府的鬼門會在每年的農曆七月初一大開，直到七月三十日才會關上，所以這一個月之間遊魂野鬼會在陽間四處流連，晚上一到也很容易在街上「撞鬼」。坊間亦流傳著很多防「撞鬼」大法，故此每逢農曆七月，在香港都會有市民在街上燒街衣供奉孤魂野鬼。另外，佛教就定了每年的農曆七月十四日為盂蘭勝會（亦稱盂蘭盆會），所以從農曆七月初一開始，大批街坊、鄉

里、商戶及團體就會集合在一起，並於各社區輪流舉辦基本三日三夜的盂蘭勝會。勝會主要分別為第一天請神儀式、第二天「安五土」儀式、第三天「施食」儀式，而屆時除了祭吊孤魂之外，更會祭祀祖先，傳統的活動中還會包括誦經懺悔、超度亡魂、附薦先人、施食鬼神，以及公演神功戲、派平安米、福物競投等的功德法事。同時，會場內也設有九個竹棚，包括：天地父母棚、神袍棚、大士臺、孤魂臺、附薦臺、經師棚、神功戲棚、米棚等供人施行法事。

其實，盂蘭勝會並沒有大眾想像般恐怖，只要「平生不作虧心事，半夜敲門也不驚」，反而應該以感謝、感激的心去參與。有些人覺得這是迷信的活動，但無論如何人活著就是要求個心安理得，管他是迷信與否，這個習俗於香港已有百多年的歷史，更是國家級非物質文化遺產項目之一，所以我們只要竭盡所能把難得的百年習俗傳統，承傳好。

拜過神、祭祀過的食物可以吃嗎？！

其實任何情況下，進行過祭祀儀式的食物都會只剩下形體，但味道就會消失。所以有些人才會說，拜神的食物都吃下後都淡而無味，故此在一般情況下都不太會食用。於盂蘭勝會舉行時，大量市民或團體為祈求消災積福，就會捐贈、奉獻白米和食物或日常用品，以便佈施法事；透過法事把食物化成千萬顆甘露美食，供給孤魂眾生享用。法事完成後的最後一天會有大量食物餘下，為以防浪費，一般都會分派給貧苦大眾，而派發白米就俗稱為「派平安米」。通常會去領平安米的人都是長者及有需要的人，有些人拿回去後則會稍微混在日常食用的白米之中，也有些人領平安米是為了求個平安，但並不會食用。

神功戲常「空」的前兩排座位

很多人都會疑惑「為什麼神功戲台前的座位中，最前面兩排的座位經常是留空的？」更有傳說「這兩排座位是給孤魂野鬼坐的……」所以有一個人不坐，就每個人都不敢坐！——不過原來這一切全屬誤會，因為據香港潮屬社團總會常董胡炎松先生解釋，原來這兩排座位是留給一些有出錢、出力的善長仁翁（也就是活生生的人啊），因為他們可能隨時抽空來觀賞，所以一直留著空位置給他們以備萬一。至於神功戲上演的目的是酬謝一眾神明令當地平安，同時亦是人神同樂的活動，而且戲棚一定會安排在「父母天地棚」的正對面，所以神功戲並非做給孤魂野鬼觀看。一直以來，香港很多恐怖鬼電影或鬼戲劇都以神功戲作為題材，都經常把前兩排的座位鬼故事，講得繪聲繪影的，日子時間久了，大家對前兩排座位的誤會就更深了。

打一打怨氣盡消
打小人

　　在香港千萬別得罪人，如果你開罪了別人，對方又找不到報仇的方法，他下一步很可能就會去找神婆打你小人。方法是，只要簡單獻上你的名字及你的美照，就能輕易的向你施展這種傳統巫術。

　　這種傳統習俗，據說源自於古時的農業社會，至於實際的淵源已無從稽考。以往的農業社會流傳著在「驚蟄」時候祭白虎，以祈求白虎能鎮壓蛇蟲鼠蟻，避免害蟲為患破壞農作物。隨著時代和社會的轉變，祭白虎就轉變為用來鎮壓小人，藉此為自己帶來好運的方法。至於打小人就是為了事前預防或針對特定人士的巫術，整個打小人儀式可分為奉神、稟告、打小人、祭白虎、化解、祈福、進寶、打杯等步驟。妨間不少人認為打小人只限於驚蟄當天，但其實打小人並沒有指定日子，什麼時候想打都可以打，只要你心情不好的那天，想要打個小人來洩洩憤、吐一吐怨氣，就可以隨時前往。

　　五十年代時，很多媒體認為打小人是民間迷信、陋習，會去打小人的人稱為「愚昧婦孺」，至於為人打小人、祭

白虎服務的神婆就稱為神棍。不過，後來香港的打小人習俗被美國《時代雜誌》選為「亞洲最佳事物」之一，認為這是一種有益心神的行為（best for the soul），「打你個死人頭，打到你有氣無掟抖……」一句又一句，一下又一下，出盡力氣的打下去，先不管其有效與否，求打者可以藉此一解鬱結心情，就已經是不錯的宣洩了。現今社會每當世道變差，諸事不順時，打小人的旺季就出現了，常會有市民藉此渲洩平日的壓力，有時可能是針對某事，有時候可能是針對某人，只要將其不滿逐一道來，神婆就會為你打個痛快。說到在香港最著名的打小人勝地，非「銅鑼灣鵝頸橋底」莫屬，因為打小人要在殺氣大的三叉路口進行才最靈驗，同時鵝頸橋的路面正正呈現三叉狀，就是打小人絕佳的位置。

打小人口訣

打你個小人頭，打到你有氣無掟抖
打你個小人面，打到你成世都犯殘
打你個小人眼，打到你好快眼坦坦
打你個小人耳，打到你下世做乞兒
打你個小人嘴，打到你成世俾人隊
打你個小人肚，打到你成日俾人告
打你個小人手，打到你有錢唔識收
打你個小人腳，打到你無鞋挽屐走

香港節慶習俗

　　香港是一個混合了中西方文化的城市，除了生活習慣之外，連節慶活動都深受到中國和英國兩國的影響，所以不難發現，香港既有非常傳統的中式節日，如農曆新年、中秋節等，更會有英式傳統節日，像是復活節、聖誕節等。每逢大時大節都是香港人與親朋好友相聚的日子，所以無論是街上還是家中，都充滿著熱鬧的氣氛。不過近幾年每到節慶日，選擇留在香港過節的人數大減，加上適逢長假期，大家都喜歡外遊，導致節日熱鬧氣氛相對銳減。若要重拾過往節慶的氣氛，可能要等到人們對節日重新找回期待的初心，以及人們對家園及社會的熱愛，或許就會有新的一股熱鬧景象出現。

蒲台島天后誕

農曆新年

　　即是春節，亦是香港人最重視的中式節日，在春節前後都有著不同的習俗和儀式。由「年廿八洗邋遢，若然唔洗豈會發」開始，就準備迎接新年，廣東人有「財不入污門」的觀念，認為財神只會走進潔淨的房屋，所以年廿八香港人都習慣來為全家大掃除；至於特意選「廿八」是取其諧音「易發」的意思。年三十晚人們會為乾淨整潔的家中，添上新年裝飾，例如揮春（台灣稱春聯）之類，然後就吃團年飯，再到年宵市場和花市逛一逛。

　　緊接大年初一的凌晨就當然要去黃大仙上頭炷香，到了天亮就向長輩拜年。香港人拜年通常一天會走多場，要到爺爺嫲嫲家和各親戚家，這也是年輕人最開心的時候，因為有「利是」（台灣稱紅包）可收。到了年初二就是回妻子家拜年的時候，另外也會有人到車公廟轉風車「轉運」。忙到年初三終於可以休息一天，因為初三亦稱為「赤口」，由於前兩天吃了大量煎炸慶節食物，人身體會變得躁熱，香港人都相信初三當天會容易與人發生爭執，所以避免在初三這天吵架，也就不會選這天去拜年或宴客。直到初四開始，才會到好友家作客拜年。

　　在香港，由於春節的法定假期只有三天（一般是大年初一至初三），所以很多時候成年人到了初四就要上班。回到公司的第一天，一般公司都會為每一位員工準備好一封「開工利是」，取其意頭是：新一年工作順順利利。

港台用語快譯通

香港	台灣
揮春	春聯
利是	紅包
派利是	發紅包
利是封	紅包袋

單字揮春要倒轉貼？

其實只有「春」字可以倒著貼，有些人會把「滿」、「財」、「福」等也倒著貼其實是錯誤的。因為倒著貼是把滿、財、福倒掉的意思，是不吉利的事情。

好事成雙

利是（紅包）的金額一定要是雙數，喻意「好事成雙」。因為只有喪禮上封的吉儀才是單數，春節期間如果封單數金額就像詛咒別人不吉利，收到單數的人絕對會非常生氣。另外，一般已婚夫婦都會給親友兩封利是；如果是新婚夫婦首次派利（發紅包）的話，則要每人派兩封利是，也就是共要四封。到了派給同事時，如果對方不認識你的另一半，則可派單封。

利是封的顏色，以紅、金為佳

選擇利是封（紅包袋）時要避免綠色、藍色、白色等象徵喪事的顏色。另外，粉紅色是「二奶」的代表色，所以只要避免這幾種顏色就可以了。

大忌「吉」封

放入利是錢時必須小心，得確保每封裡面真的有「錢」。因為「空利是」即是「凶」，收「空利是」者恐會破財。派者（發紅包者）亦可能會遭逢厄運，總之收到「吉」封肯定會不快收場。

正月十六拆「利是」

一般傳統派利都是在大年初一到十五，至於拆利是、總結收穫就是正月十六日之後才宜。不過現在大多的年輕人，收到當日就在回家時便會拆封，因為第二天就可以有錢花了。但若是小孩的話，利是錢肯定就會交由父母「代為保存」。

復活節 Easter

　　新曆 4 月 4 日的復活節，在基督教是重要的節日之一，代表著由耶穌受難到復活的三天。在香港，這幾天是法定假期，亦是全年最長日子的假期之一。在現今的香港，除非你是基督徒才有紀念活動外，一般市面只會有復活節的主題佈置，市場同時會推出大量復活蛋、復活兔的產品，例如巧克力及糖果等。因為復活蛋在基督教象徵新生命的開始，代表著「耶穌復活，走出石墓」；在西方國家，人們會在蛋上彩繪出不同的色彩造型的彩蛋，代表著友誼、關愛及祝福。復活節是跟孩子們一起慶祝歡度的日子，所以在香港的學校裡，孩子們會親手製作復活蛋等，帶回家中和家人分享歡樂時光。

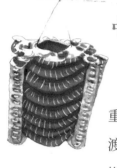

中秋節

農曆八月十五就是中秋節，亦是香港繼春節後第二大重要的中式節慶。中秋節當然要團圓，一家人一起歡樂的渡過。每逢中秋節的晚上月亮都會份外圓，街頭巷尾都會掛上七彩的燈籠裝飾，孩童們會帶著心愛的燈籠到處玩耍。筆者童年時很常跟一群朋友們拿著月餅鐵盒，到公園玩蠟燭、紙燈籠和煲蠟。公園內燈火四起非常熱鬧，此時大人就會帶著月餅到親友家一起品嘗，一家人湊齊就是過中秋節的宗旨。

時至今日，玩蠟燭、紙燈籠和煲蠟已經成為了上一代人的集體童年回憶，因為到了九十年代，政府開始認定煲蠟是犯法行為。原因是每年因煲蠟而導致嚴重燒燙傷的意外眾多，因此非常危險。自此玩蠟燭等中秋活動變成了過去式，同時，紙燈籠也因使用蠟燭來點亮，受到牽連而遭到淘汰。由九十年代開始，市場陸續推出大量塑膠製的電燈籠來替代過時的紙燈籠；到了二十世紀的今天，香港有一些紙紮店開始重新製作起紙燈籠，運用了幾十年來紮作的技術，並換上了電子化的 LED 燈，讓傳統紙燈籠重現在現代人的眼前。

　　以往的中秋節前夕在玩具舖、文具舖或紙紮舖，都會掛滿了各式各樣的燈籠供孩童選購，小時候看到這些七彩繽紛的燈籠就非常開心，而且總會每個燈籠都亮過碰過才願意離開，所以過去的中秋節絕對是孩童能夠開心玩樂的節日。

特別收錄 5
大坑舞火龍

　　大坑區限定的中秋舞火龍，據說已有一百三十年的歷史。1880 年，當時的大坑原本是一條客家村，但村內突然發生瘟疫，為了消災滅瘟，村民便將無數的香枝（線香）等紮成一條巨龍，並在中秋節前後，也就是農曆八月十四、十五、十六的三個晚上，舞動已燃點著的香枝火龍，在整個村落中遊走，沿途中更會燃點爆竹。舞完火龍之後，瘟疫好像聽到村民的祈求般奇蹟地消失了！從此，村民每年都會在中秋時節進行三天舞火龍活動，以保大坑整區的平安。直到 2011 年，大坑舞火龍更被列入國家級非物質文化遺產的代表之一。

聖誕節 Christmas

　　聖誕節是香港人最重視、最期待且最盛大的西式節日！香港擁有著一百多年的英國殖民歷史，而聖誕節就是最能體現出西方獨有風情的一面，更是香港兩大重要的節日之一。香港人每年都會提早在 12 月初就開始準備過聖誕，無論是聖誕卡、聖誕禮物、聖誕佈置、聖誕派對、聖誕大餐、聖誕打扮……平安夜倒數，無一不是香港人最重視的時刻。因為這是結束完整一年的辛勞前，最後的一個狂歡派對及節慶日，我們會悉心準備及打扮，然後和親朋好友一起歡渡。

　　由 24 日平安夜開始，就是聖誕的序幕。有愛侶的人在平安夜當夜都會和情人一起渡過浪漫的一夜，一起吃聖誕大餐，一起到海旁觀賞燈飾夜景，一起倒數聖誕節的來臨；到了 25 日聖誕節的正日，就會和朋友們一起大玩特玩，而且通常都會參加聖誕派對，大家互換禮物慶祝；到了 26 日就是 BOXING DAY，把收到的聖誕禮物全部打開，結算一下收穫，聖誕節的每一天都是充滿著歡樂笑聲。

每逢聖誕節期間，遊逛在各大小型商場或店舖中，都會發現鋪天蓋地的華麗、浮誇的聖誕裝飾和閃耀著七彩光芒的聖誕樹，以及一整個 12 月就會每天每時每分每秒到處都重複、無限 LOOP 著，一些充滿氣氛又「煩人」的聖誕歌曲。

香港原本就是這麼一個細小且璀璨的城市，單憑這些七彩繽紛的耀眼光芒和熱烈氣氛，就能讓人忘記 12 月是個冷冽的冬日。甚至，香港還成為了世界著名的旅遊城市，每個遊客提到這裡的聖誕夜景，都會讚嘆是多美麗，多令人難忘。不過，近年的聖誕氣氛已不如英國殖民時期濃厚，由最重點的燈飾到夜景等，也都沒有了過去的璀璨、密集，縱使人流依舊興旺，但人們對節日情緒已不及當年的期盼和充滿希望。

WE WISH YOU A MERRY CHRISTMAS...
WE WISH YOU A MERRY CHRISTMAS...
WE WISH YOU A MERRY CHRISTMAS...
AND A HAPPY NEW YEAR.

◆

JINGLE BELLS, JINGLE BELLS,
JINGLE ALL THE WAY.

◆

JOY TO THE WORLD!
THE LORD HAS COME !
LET EARTH RECEIVE HER KING!

◆

LAST CHRISTMAS,
I GAVE YOU MY HEART.
BUT THE VERY NEXT DAY,
YOU GAVE IT AWAY.
THIS YEAR, TO SAVE ME FROM TEARS.
I'LL GIVE IT TO SOMEONE SPECIAL.

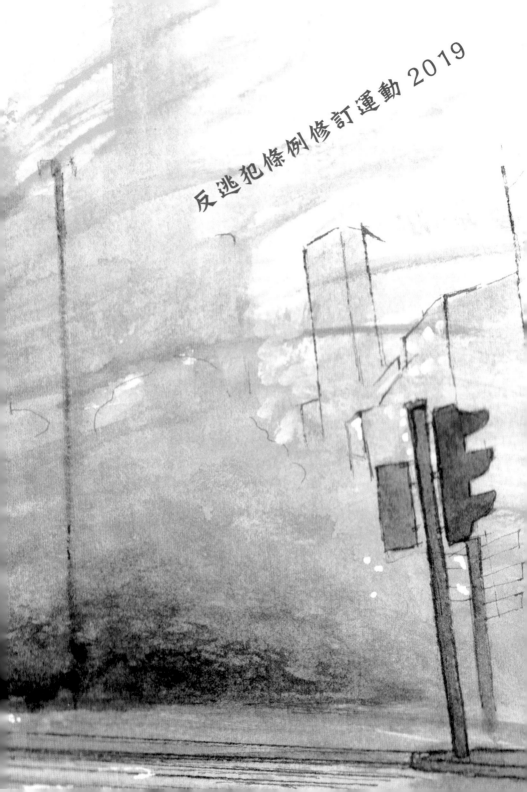

反逃犯條例修訂運動 2019

香港
好滋味

　　味道可以是一種回憶，你會懷念它，會因為那味覺的
衝擊，而對那味道念念不忘；味道可以是一種誘餌，你會
追尋它，會因為對美味的渴求，而尋遍天涯都要一試。香
港的飲食文化內包含了無數種類的美食，有些非常傳統且
懷舊，有些則非常地道並伴隨著香港人成長。另外，亦有
些美食將面臨失傳的局面，要認識香港的獨特，就要先來
認識香港的地道美食精髓。

承傳百年的美味

在香港要承傳百年老店說是容易，又不是容易，說是難事，也不是困難，重要的分別在於兩大主要因素。首先，現實上如果百年祖業承傳下來，能夠擁有自己的地方，擁有自置物業，那已經是後繼成功的最佳條件！由於現今的香港環境，高昂的租金是絕對不適合守業，因為收入最後會有大半花在租金身上，更何況想要守護百年老店！筆者跟不同的老字號老闆傾談，得出來的共通點都是：「幸好他們經營的店舖、建築物都是屬於其家族，不然可能早在幾十年前就已經倒閉了。」就像 2020 年的世紀之疫，是百年一遇的世界慘況，他們的收入都相對大減，但幸好不用承擔昂貴的租金，所以才有條件繼續堅守下去，個人收入減少一點也無所謂。其次，是後繼傳人的心態。現今的香港人不像前人一般能夠捱苦，而且也嬌生慣養習慣舒適，每一項專門的行業都有其艱辛的時候，亦有些前人明知行業難捱，情願不讓後人接手，沒有繼承人導致手藝失傳或結業的大有人在。所以，在香港要傳承百年祖業，講求的除了是人心的問題，更重要的可能正是土地問題。

瑞士雞翼的誕生
太平館餐廳

· 開業年份：1860 年
· 地址：九龍佐敦茂林街 19 ～ 21 號地舖

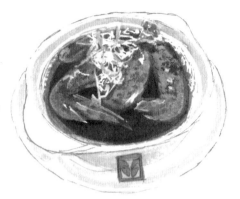

　　說到太平館，大家會想到的是瑞士雞翼、巨型舒芙雷和乳鴿，但對老一輩的人來說，就是百年高檔西餐廳。一百多年來，多少達官貴人特意前來用餐，香港的富豪及高官們都是他們的常客，一間餐廳能夠在動盪起伏的香港屹立不倒一個半世紀，絕對不是容易的事。

　　一款濃烈的醬汁，由頭抽、紹興酒、冰糖等調製而成，就是風靡百年的「瑞士汁」。瑞士汁原來跟瑞士完全沒有關係，據說當年有一位外國客人在太平館內用餐，當品嘗到一款甜味雞翼時，便向待應詢問這道雞翼菜式的名字，侍應以英文回答客人 Sweet Wings「甜味的雞翼」，但客人誤會了！以為他說的是 Swiss Wings「瑞士的雞翼」，自此

太平館便將錯就錯，把甜味豉油醬汁命名為「瑞士汁」，甜味雞翼從此就叫做「瑞士雞翼」。

太平館餐廳是一間百年老舖，一百多年來他們都保持著沉實溫暖的店面設計，使用中式菜館專用的深色柚木主體，混搭著英法式元素的室內設計，整體仍保留著一個世紀前在廣州的太平館餐廳獨有的風格，亦跟太平館的豉油西餐（即以中式醬油煮西餐）一樣，確切地堅守著中國第一間由的華人經營的西餐廳的形象。所以一直以來所有分店的室內設計都是貫徹始終，客人來到不止能品嘗到百年不變的味道，更感受到百年西餐廳的氛圍。

百年味道的堅持

太平館在香港目前仍有四間分店，但跟一般連鎖餐廳不同，他們並沒有設置中央廚房，反而保留了由各分店大廚主理菜式的經營模式。因為大部分菜式都是即叫即製，為了保持食物的新鮮，太平館寧可捨棄中央廚房管理運作的方式，選擇由老闆兼行政總廚每天走訪四間分店，以確保食物水平維持不變。這正是太平館堅守人性化和原始味道的原則。

太平館餐廳，佐敦分店

人情味西餐廳

　　太平館是著重人情味的餐廳,在店內打工的有部分已是跟了餐廳幾十年的老員工,更難得是,太平館除了所有分店都是自置物業外,老闆更在分店附近購入房子作為員工宿舍,內部提供空調、電視機、浴室、洗衣機,甚至連冰櫃等設備應有盡有。每位員工都會有各自的床位,即使不留宿都可以在自己的位置上稍作休息。特別是餐廳一定會有的落場時間,員工可以回宿舍,洗個澡休息一下。在今時今日的香港,別說提供一套房屋作為員工宿舍給員工使用,就算只是提供一個狹小的房間用來給員工作息都不太有可能,一間公司能做到除了著重生意額,還能顧慮到員工的所需和感受,這就是百年傳統公司獨有的人情細味。

一杯豆漿體現人間有情
公和荳品廠

· 開業年份：1893 年
· 地址：九龍深水埗北河街 118 號地下

　　在熙來讓往的市場內，人們的叫賣聲始起彼落，「埋嚟睇，埋嚟揀！」擁有百年歷史的荳品廠正巧藏身於這樣的市場陋巷中。公和的外貌，徹底展現出那腳踏實地承傳百年的穩重，店內外都充滿著濃列的古典韻味，牆壁和地板都是復古經典的格紋馬賽克小方磚，油膩膩的舊式方桌，古意味濃的白瓷方磚，陣陣涼風吹爽的古董吊扇，端莊樸厚的隸書體紅字招牌⋯⋯用上 108 年並已磨薄了的「鎮店之寶」古董石磨，還有牆上掛滿已泛黃的創辦人舊照，以及豆製品工廠與店舖相連等，無一不是體現出流傳了百年傳統的風味！

　　豆漿、豆腐花、煎釀豆腐……無一不是香港的傳統美食代表，而在香港經營的荳品廠掐指一算，根本不足十間。公和荳品廠是香港少數創立超過百年的老字號荳品廠，於1893 年創立，原址在廣東道，於五十年代遭清拆並移到深水埗現址，從此陪伴著香港人一起走過了六十多個年頭，當年公和荳品廠的石漿更是舊時深水埗碼頭工人最愛的解喝飲料。

　　從古到今，由創辦人家族到老街坊熟客接手經營，他們堅持秉承原汁原味，因為石磨豆腐這門工藝已經有幾百年的悠久歷史，「選、浸、濾、蒸、磨」，易學難精又花費工夫，故現代人多以機器代替手工來生產，味道當然跟手工製的不同。手工石磨豆腐能鎖住黃豆的香味，令其口感更加滑順柔嫩，這是機器生產所達不到的效果。公和荳品廠一直以細緻的匠心精神製作著豆製品，他們經得起時光的打磨，一直堅守當年的味道至今，不讓這傳統的美味消失。多年來陪伴著深水埗的街坊街里一起成長，一直以親民的價錢經營高質的豆製品，來往的客人除了一眾遊客和年輕人，更多的就是老熟客，因為這裡充滿著人情味，故店裡店外一直都是座無虛席，食客絡繹不絕。

港式豆腐花＋黃糖＝再三回味

　　百年的公和荳品廠一直堅守、承傳下來的美味是人所共知,在 2016 ～ 2017 年就被國際知名食評機構「米其林」列為香港必吃街頭小食之一,而且著名演員周潤發更是他們的老熟客。港式荳花比較台式豆花更加水嫩,口感亦大為不同,懂吃的老熟客都會在豆腐花上放黃糖伴著吃,水嫩的豆腐花夾雜細碎的黃糖,少少的加持令豆腐花的美味大大提升,「唔該,再來一碗吧!」

豆腐花、豆漿、炸豆卜

緣分到了才能遇上的上環森林
彭裕泰茶莊

· 開業年份：1893 年
· 地址：香港島上環文咸東街 113 號

　　每位經過彭裕泰茶莊的路人都會好奇，這幢古舊建築內到底是什麼來著？因為它的外貌充滿著歲月痕跡般，有些路人會說這是已荒廢多時的老鬼屋，但其實筆者曾經有見過茶莊有開門營業，但就只是開門時間不固定，有時候可能相隔很久才開門一次，一切都是看老闆「需要」才開門，而且每次開門營業都會有好幾位老闆的老朋友，聚在店內品茶聊天，雖然店內有點擠擁，卻也不阻老闆的雅興。

　　營業時的茶莊大門鐵閘被升起，其古老的面貌便會完整的顯現在大眾面前。古老的柚木廚窗下面，是難得一見鑲嵌著三十年代非常流行的花紋瓷磚，廚窗內擺滿了一罐罐古董茶葉，老闆說這些都是老闆的爺爺生前留下來的珍

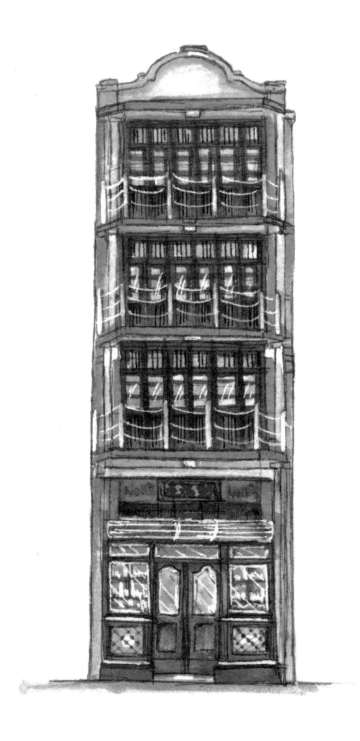

藏品，而且整個門面由木廚窗、木大門都散發著古樸的味道，加上經過時間洗禮的舊玻璃，若想透過模糊的玻璃窗窺看店內情況，依舊不清不楚更充滿神祕感。即使開門營業，給路人們的感覺始終是令人不敢探頭了解的老店。

透過品茗感受上環的一刻寧靜

彭裕泰茶莊創立於 1893 年，以往主要是從事茶葉加工批發生意，然後再轉口到美加等地，後來目前的老闆從爺爺手中繼承了此祖業並經營到現在。老闆是一個收藏古物的愛好者，所以茶莊內的一事一件看似是雜物的東西，其實全部都是老闆畢生的收藏品，由爺爺的舊物到滿店的珍藏，可見老闆絕對是一個非常念舊情的老人，不強求且隨性的經營模式，不難感受到品茗人的性格，「心素如簡、人淡如茶」、「任絲絲幽香沖淡浮塵，沉澱思緒，體會人生」。若緣份到了碰巧茶莊開門，大家不妨和老闆閒聊一下，品茗一下老闆自泡的茶，然後拋開煩惱跳進時間的巨輪，沉醉在獨特的「上環森林」中。

腐乳撈飯的回憶
廖孖記腐乳

· 開業年份：1905 年
· 地址：九龍油麻地閹街 1 ～ 7 號廖孖記樓地下

廖孖記腐乳

　　從前在香港資源短缺時，有些家庭可能沒餸菜配飯，唯有一磚腐乳一家大小分著吃，雖然筆者沒有經驗過，但聽長輩說起舊事，他們就曾經試過六個人分一磚腐乳享用。在六分之一磚腐乳拌一碗白飯就能成為一餐的日子，可見當年的生活是何期艱苦，也印證著腐乳絕對是「想當年」的平民美食。今時今日又有幾多人試過只用腐乳來伴飯吃呢？筆者曾經試過因懶得煮菜，便拿出一瓶腐乳來拌飯，奢侈如筆者一磚不夠拌一碗白飯，要拿兩磚才滿足，但出乎意料的是這種看似窮苦不堪的一餐，竟然……還不錯唷！甚至乎只要你買對了腐乳，這簡樸的一頓「腐乳撈飯」就即時變成「人間極品」，而且在香港人心目中每家每戶必配的腐乳就是來自「廖孖記」。

廖孖記由 1905 年開業至今，都是以製作、販售自家豆製加工食品包括腐乳、南乳和麵豉而聞名，到現在還另外自家生產了酸梅醬、上海豆瓣醬，以及大受歡迎的腐乳醬和羊腩醬等。一家人每天八點開門營業，一起在後舖工場製作腐乳，一邊在舖面售賣其產品。老闆認為廖孖記是他們的百年祖業，因此無論如何都必須承傳下去，一個世紀的努力為廖孖記種下了深厚的根基和獨特的味道，所以即使很多已經移民到海外的老顧客，在回港時都會特意多買幾瓶腐乳回去，以解思鄉滋味。在香港製作腐乳的品牌眾多，但像廖孖記一樣百年來仍然堅持親手製作，可以說是絕無僅有。

跟現在的老闆娘聊起廖孖記的往事，她表示，廖孖記屹立於佐敦的一條小街中已超過一百年，因為位置不在大街上，所以即使已經營業了超過百年，路人仍然不太了解。

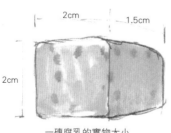
一磚腐乳的實物大小

廖孖記現在已傳到第三代經營，而其所在的建築物都是廖家自己的物業──廖孖記樓，在早期他們都以「下舖上居」經營，直到第二代傳人接手，發現在店舖關門後仍有不少客人前來，還特意

爬上樓梯敲家門，就是為了購買一瓶腐乳。因此當時的老
闆為了好好的「公私分明」，所以後期便把居所搬離廖孖
記樓，目前只剩店舖在原址。

百多年來，廖孖記一家都見證著油麻地的變遷，以往
廖孖記樓的對面是熱鬧的大牌檔和街市，但現在已經變成
了一個市區難得一見的悠閑公園，廖老闆一家人在這裡，
一邊默默的守護著祖業，一邊以他們的人生來記錄油麻地
的一點一滴，同時為香港的味道作出堅持。

長輩有云：

「優質腐乳用來拌飯吃，劣質腐乳用來炒菜吃」

**長輩教路之升級版
「腐乳撈飯」簡易食譜**

灑少許砂糖，再淋少許
麻油在腐乳上，然後直
接拌飯吃即可。

最解毒的涼茶文化

　　涼茶的文代遙遠悠長，根深蒂固地在香港留傳百多年，加上以前的人因為貧困，不會隨意花錢去看病，所以一有大小病痛都會去附近的涼茶舖買杯涼茶解解毒。雖然一杯涼茶不能醫百病，但就能一解小病感冒的疾苦，久而久之，涼茶舖便成為社區中最重要的店舖之一，跟社區的關係密不可分。此外，舊時飲料選擇不多，就等於現在我們會去茶餐廳，通常是一邊喝凍鴛鴦一邊跟老闆閒談並看電視；然而舊時的人去涼茶舖，則是一邊飲涼茶一邊跟老闆閒談，然後另一頭看著黑白電視。在涼茶業的興盛期時，整個中環有接近差不多二十多間涼茶舖，到了後期慢慢只剩下幾間而己。

香港絕無僅有的竹蔗水店
公利真料行竹蔗水

· 開業年份：1948 年
· 地址：香港島中環荷李活道 60 號

位於中環黃金地段中有一群百年唐樓建築，聽說在孫中山留港時期，這些建築物就已存在。在這群唐樓的其中一個轉角中，就經營著一家在香港極為罕有的蔗水店，他在此已經營超過七十年，建築物前身是一家書店，之後被林姓創辦人購入並開始

販賣單一產品「茅根竹蔗水」，而創辦人原本就是新界最大的蔗農，故此開業至今所販賣的蔗水都是香港最高品質的。直到戰後，物資開始充裕，才陸續引進竹蔗汁及涼茶等。

後來第三代接手，中環地區陸續發展起來，住宅區演變成商業區，加上瓶裝飲料推陳出新，使涼茶業漸漸步入式微。原先的客群是熱鬧、富人情味的街坊街里，後來竟變成冷清、僅限在附近上班的年長者，客群更曾經有一段時間出現嚴重斷層，完全沒有新一代的年輕人光顧。直到近十年，香港的保育團體開始為舊社區、舊文化進行教育和宣傳，加上現代人追求健康飲食的風潮，從而讓年輕一輩重新認識了「什麼是涼茶？」過程中，更意外讓外國人同時認識到涼茶文化。現在有很多在附近上班的鬼佬（洋人）都已養成每星期「大排毒」的習慣，有的甚至每星期都會抽一天來到他們這裡點一杯「廿四味」，鬼佬們可能不懂中文，但卻懂「廿四味」這三個字。

如今店舖已由第四代承傳，一家人見證著香港的發展、變遷。跟年輕老闆傾談間能看到其一家樂天知命的性格，就算遇上逆境，只要一家人齊齊整整，平平安安便已足矣。家族經營了四代超過七十年，曾面對過不同的逆境；第一

代創辦人碰上的是世紀鼠疫，第二代人遇上戰後飢荒，第三代是 SARS 及金融風暴，到了如今的第四代則是 2020 世紀之疫。每一代都覺得自己面對的是最難捱的，但當家族生意經歷了幾代後，能這樣回顧舊事就可體會到祖業的可貴。重要的心態是，即使再難捱，只要一家人同心支撐過去必定能見到曙光。

現代人的心態才是承傳的重點

年輕老闆更分享以前他爸爸從爺爺手上接手生意前，約是十六歲的時候，曾經跟油雞師父做學徒，師父每天五

點上班，自己則是要三點上班。上班前，要先去買一包香菸，然後回店準備所有開店功夫，更要在師父回店前泡好熱茶，等師父回到店後就遞上熱茶香菸，如果當天師父幸運的贏了賽馬，才有機會盼到師父傳授一點技術。以前的人就是這麼堅毅，很有耐力及刻苦，而且很有上進心，在這麼少資源的環境下，亦拚命尋找路向；對比現代人，只懂怨天怨地，既然輸了在起跑線，就應更加努力。以前是學徒求師父教導，現在反而是師父求人來學習，卻都沒有人願意承習。如今很多老字號倒閉或生意每況越下，很多時候除了是因為沒有後人願意繼承之外，更重要的是年輕一輩接手，但仍堅持保守思想。新一代接手除了保留原有風味特色，更應為舊物注入新思想，從而激活及啟發新的方向，幾十年甚至是百年祖業才可得以承傳，才不辜負前人的經驗和努力。

最接地氣的茶餐廳文化

　　香港的飲食文化，基本上就是在原來中餐的基礎上，融合了英國引進的西餐文化，越地道正港口味，就越能見證香港的歷史發展，最後這些中西交融的飲食習慣便孕育出聞名中外的茶餐廳文化。西餐的多士、意大利麵、西冷紅茶、咖啡等，混入中式元素變身成叉燒餐包、鴛鴦、乾炒叉燒意大利麵等。茶餐廳文化除了印證了美食的傳承，更體現了真正香港人的性格，那追求「快、靚、正」的美德，那不花巧、不講究的心思，那一手煮出全世界的萬能，除了茶餐廳，還有誰能取代之？

茶餐廳的變奏

　　於二十世紀初西餐廳隨著大英帝國殖民者引進香港，到了四、五十年代則是西餐廳最盛行的時期，但當時西餐廳的收費高昂，一般的華人都消費不起，所以主要都是洋人前來光顧。當時，就有人想到要開設以平民為消費對象

茶果嶺榮華冰室

於 1962 年在茶果嶺寮屋村開業至今，現因寮屋村將要清拆，導致冰室面臨結業的危機。

的「冰室」，用來提供一些較為廉價且簡單的西洋美食，如蛋撻、麵包、蛋糕配上咖啡奶茶之類，冰室亦即是當時的咖啡廳。經過數十載的數月變遷，冰室也因本地文化影

響下，逐漸加入了一些中式食物，其後更改營為茶餐廳，供應的菜式也變得更多元，後來更創造出大量以中西元素混搭而成的著名菜色。時至今日，茶餐廳內供應的菜色，也跟著全球一體化而變得更「國際化」，除了中、西外，還會有日、台、韓、泰、越、葡、法等等菜式出現，但這些經過茶餐廳演繹的「國際」菜式，通常都會變成更接地氣兼且帶點港味的 FUSION 菜。

茶餐廳餐牌的精髓

有在香港光顧過茶餐廳的人，都不難發現一個有趣的事情，這個趣事每每都令遊客們疑惑。在一般的茶餐廳出現的菜單（香港人稱「餐牌」）中，基本上的設計都差不多，就是一張紙有兩面，一面會是所有單點菜式，另一面都是套餐類列表和小食或飲品。不過當中有幾個最多人點的套餐，就會出現以下極度相似，甚至完全一致的有趣情況。而且這種最接地氣的西式套餐搭配，絕對稱得上是香港人的最愛！因為它能完美地達致「快、靚、正」的效果之餘，更能滿足「平、飽」的宗旨，完全把香港人的「隨性」體現得淋漓盡致。

早餐	餐包 / 多士（烘底[1]＋ $1） ＋香腸 / 火腿 / 午餐肉[2] or 炒蛋 / 煎蛋 / 太陽蛋[3] ＋沙爹牛肉 / 五香肉丁 / 榨菜肉絲 / 雪菜肉絲[4] / 火腿 配 公仔麵 / 米粉 / 通粉 / 意大利麵 / 出前一丁[5]（＋ $3） ＋凍飲（＋ $3）/ 熱飲
常餐	餐包 / 多士（烘底[1]＋ $1） ＋香腸 / 火腿 / 午餐肉[2] or 炒蛋 / 煎蛋 / 太陽蛋[3] ＋沙爹牛肉 / 五香肉丁 / 榨菜肉絲 / 雪菜肉絲[4] / 火腿 配 公仔麵 / 米粉 / 通粉 / 意大利麵 / 出前一丁[5]（＋ $3） ＋凍飲（＋ $3）/ 熱飲
特餐	餐包 / 多士（烘底[1]＋ $1） ＋香腸 / 火腿 / 午餐肉[2] or 炒蛋 / 煎蛋 / 太陽蛋[3] ＋沙爹牛肉 / 五香肉丁 / 榨菜肉絲 / 雪菜肉絲[4] / 火腿 配 公仔麵 / 米粉 / 通粉 / 意大利麵 / 出前一丁[5]（＋ $3） ＋凍飲（＋ $3）/ 熱飲

1 普遍會配一個包裝小牛油塗麵包用，但牛油不是硬度像石頭，就是溶化得「如水」，而麵包又不熱，所以有些人會不吃這個麵包，或轉烘底（經烤烘過的吐司）。

2 趕時間的話水煮烚熟便上碟，有時間就煎一下，不過通常都沒有煎。

3 雞蛋煮法都有選擇，總有一款適合你。

4 陳年配菜，直接倒在麵上便可。

5 因為是品牌麵所以比較貴，基本上都要加錢轉配。

　　香港人就算是吃飯都很快、很趕時間。你可知道？在香港每到用餐時間，餐廳都會逼爆人潮，特別是工商區的茶餐廳情況更嚴重，基本一個小時吃飯時間，等位就用上

15 至 20 分鐘以上，然後到正式上菜用餐，通常只剩 15 分鐘左右時間進食，所以餐廳最重要是出餐速度快，又要吃得夠飽，因此簡單煎扒類配煎香腸之類再選個喜好醬汁，有飯有肉有菜有湯又有飲料，就成為了香港茶餐廳和快餐店必備的最強午餐，或者晚餐「碟頭飯」精選。

午餐	牛排 / 雞排 / 豬排 配 香腸 / 火腿 / 午餐肉 / 煎蛋 配 飯 / 意大利麵[1] 配 黑椒汁 / 蒜蓉汁 / 忌廉汁 / 洋蔥汁 / 茄汁 / 咖哩汁 / 豉油汁[2] +是日例湯[3] +凍飲（+ $3）/ 熱飲
晚餐	牛排 / 雞排 / 豬排 配 香腸 / 火腿 / 午餐肉 / 煎蛋 配 飯 / 意大利麵[1] 配 黑椒汁 / 蒜蓉汁 / 忌廉汁 / 洋蔥汁 / 茄汁 / 咖哩汁 / 豉油汁[2] +是日例湯[3] +凍飲（+ $3）/ 熱飲
快餐	牛排 / 雞排 / 豬排 配 香腸 / 火腿 / 午餐肉 / 煎蛋 配 飯 / 意大利麵[1] 配 黑椒汁 / 蒜蓉汁 / 忌廉汁 / 洋蔥汁 / 茄汁 / 咖哩汁 / 豉油汁[2] +是日例湯[3] +凍飲（+ $3）/ 熱飲

1 普遍伴碟會贈送兩「條」焓菜，或者雜菜粒。

2 醬汁款式選擇多，一星期七天不同醬汁就完美多了。

3 紅湯—羅宋湯；白湯—忌廉湯；中湯—中式湯水。

黑椒牛扒腸仔意粉

旁邊通常會搭幾顆雜菜粒，亦即是「伴碟」，有些人會把雜菜混入意粉中一起吃掉。

雞扒煎蛋飯

旁邊搭兩「條」烚菜，同樣是「伴碟」，但其實很多香港人都不會吃掉。

想吃飯？「搭枱」不能害羞！

「時間就係金錢」這句名句絕對能代表香港人的宗旨，香港地少但人超多，而且處處租金都貴到嚇人，所以很多時候餐廳食肆的空間都很小，但要應付飯市一湧而來的人潮，就必須捨棄一點「私人空間」，來換取最高的效益，從而就演變出香港獨有的「搭枱」（台灣稱併桌）文化。

在香港用餐時，除非你光顧的是高級餐館，不然只要飯市走到工商業區的一般餐廳、酒樓、麵店等等，都避免不了跟陌生人共用一枱（桌），跟你同枱的客人可能是穿著西裝有禮的白領帥哥，也可能是只穿著工人內衣滿身大

汗的地盤大叔。不同階層的陌生人就這樣一起共渡了熱鬧、親密的一餐。在餐廳搭枱吃飯，講求的不是你的身份與地位，只在乎誰先到達就先進場，就是「早起的鳥兒有蟲吃」的概念。

放飯時間到喇！

每逢吃飯時間一到，就像時間競賽開始，九秒九跑到餐廳等位，裡面的待應好像懂「多重影分身術」般，一人應付十枱客人，一有人起身離坐，二話不說就「命令」下一位客人補上。坐下點餐，椅子還沒坐暖，飯餸就來了，你要極速完成你的飯餸，然後就起身離開「埋單」，枱面還未清理，下一位客人就已入坐。基本上，眼見這麼繁忙的餐廳裡人們來去匆匆，作為客人的你亦會不好意思待太久，你待得太久的話，待應就會開始「為你服務」，例如：收走一些已吃完的碗碟；你飲料喝完杯子一放下就收走；你拿衛生紙出來擦擦嘴，就會過來幫你擦擦枱，總之就是務求讓你沒有藉口再逗留。而且這些場面在茶餐廳簡直是常態，很多時候茶餐廳的待應一個人要負責起領位、管理排隊人潮、落單、交單、送餐、清潔、結帳等工作，因要短時間應付多種工作，所以態度都會比較煩躁和凶惡，為了避免阻礙人家做生意，客人還是快快吃完快快走吧！

偷懶當然要去「蛇竇」

在上班時間裡，若想找個僻靜的地方偷懶，喝杯冰茶、吃個蛋撻再回公司繼續工作，這個「偷懶」不工作的行為，香港人又會稱之為「蛇王」（又稱「吞泡」）。「蛇王」（動詞）的意思是，人像蛇一樣靜止休息，加上蛇有冬眠的習慣，入冬時就會在蛇窩內長時間不活動；偷懶的人會離開工作崗位，去找一個僻靜的地方休息、不活動，故此偷懶者的行為看來就跟蛇一樣，而經常去偷懶的「重犯」同樣會被稱為「蛇王」（名詞），至於「蛇竇」就是蛇王偷懶歇息的地方。

從以前到現在，蛇王一般都會去公司附近的冰室、茶餐廳「打躉」。「打躉」又是什麼意思呢？就是長時間在某地方停留。所以，香港人如果在上班中途說要「一陣一齊蛇王去蛇竇打躉」，意思就是「過一會大家一起偷懶去茶餐廳休息吧！」當然，要成為大眾心目中最愛的「蛇竇」，除了位置僻靜之外，又要近公司，最最最為重要是食物的味道和價錢。由於「蛇王」終究是個上班族、打工仔，偷懶之舉又經常為之，所以消費太高和味道差，就不能有效達到「蛇王」的最高境界。

傳說中的炒蛋和澳牛哥哥

澳洲牛奶公司

· 開業年份：1970 年
· 地址：九龍佐敦白加士街 47 號地下

香港人簡稱它為「澳牛」，是一個非常著名的「蛇竇」，除了香港人喜歡，更是遊客們的至愛。它們的招牌菜必定是忌廉炒蛋（鮮奶油炒蛋），基本上菜單內每種食物都離不開炒蛋，單純炒蛋就做到如此細滑軟嫩，絕對是簡單見真功夫。澳牛擁有令人一吃愛上的魔力，更是聞名中外，所有慕名而來者即使要大排長龍，都願意試一口。

真正澳牛的招牌「澳牛哥哥」

澳牛內還有兩項著名重點不可不知。第一是「光速餐」；由入座到離座只需僅僅花費 10 多分鐘，他們有「系統」的點餐和上餐技術，加上簡單而「專一」的菜單選擇，絕對是完美演繹香港人追求「快、靚、正」的宗旨。

第二是「有個性」的澳牛哥哥（店員），每個都看似凶神惡煞般，你吃慢一點就會來催促你。其實在澳牛點餐必定要緊記「澳牛落單口訣」，就是「茶餐炒蛋通粉多士凍奶茶」，只要動作足夠快，那麼澳牛哥哥就不會以「港式四字真言」來招呼你。不過，其實了解的人都知道，正因他們的客人實在太多，店外經常大排長龍，如果每個客人都待超久，那麼外面等待的人就會鼓噪起來。設身處地

換個角度看，有誰喜歡在街上排隊等這麼久呢？不如快快吃完，讓出位置更好。

就在近年「澳牛」有了轉變，因為世紀之疫的關係，遊客量大減，「澳牛」終於可以專心做本地人的生意。可能是沒有了以前的忙碌，澳牛哥哥們都開始變得親切、友善起來。但諷刺的是，他們的友善卻反令客人不太習慣，甚至更有網民笑稱「香港人習慣了去澳牛被人喝斥，突然其來的友善令客人受寵若驚，心裡有說不出的不慣，可能是香港人實在太欠罵了。」但至少，終究友善起來的澳牛哥哥更令客人喜歡就是了。不過，不得不提的其實是，澳牛哥哥們一直都有非常「暖男」的一面，因為他們對孕婦、年長者和行動不便的客人，都會特別貼心照顧，因為他們通常都不用排隊，而且還會刻意安排他們坐在舒適安全的位置上用餐，孕婦點凍飲都會自動「走冰」或換成熱飲等，只是一般客人沒有得到相同待遇而已。在澳牛店內雖然不能待太久，但對於只有數十分鐘的「蛇王」來說，「澳牛」絕對是「蛇竇」的首選。

「茶餐」3 種吃法

　　每到 3 點 3 下午茶時間，「蛇王」必吃的飽肚之選就是「茶餐」，有多士、炒蛋＋火腿／火腿奄列、叉燒湯意、咖啡或奶茶。

　　一個「茶餐」3 種吃法，那麼你會是哪一種？

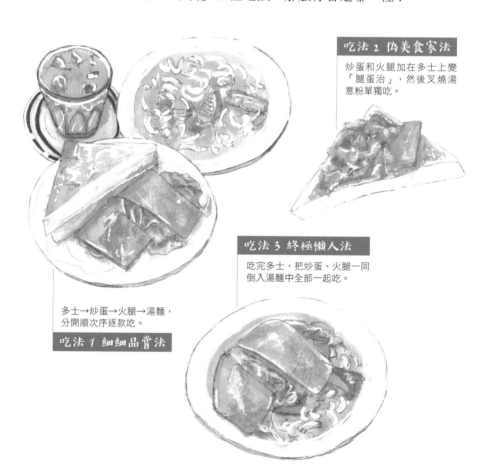

吃法 2 偽美食家法
炒蛋和火腿加在多士上變「腿蛋治」，然後又叉燒湯意粉單獨吃。

吃法 3 終極懶人法
吃完多士，把炒蛋、火腿一同倒入湯麵中全部一起吃。

多士→炒蛋→火腿→湯麵，分開順次序逐款吃。
吃法 1 細細品嘗法

最傳統的老餅味道

　　「唐餅」及懷舊糕點是香港風景不可或缺的一部分，亦代表著中華特式的老味道。唐餅即是中式餅食，於二十世紀傳入香港的平民小吃，當中最能代表「唐餅」老品牌且為人所熟悉的，有開業最早的恆香老餅家、奇華餅家、大同老餅家及榮華餅家等。八十年代香港經濟起飛期間，唐餅業進入全盛期，各大唐餅品牌拓展了海外市場，讓香港的唐餅打進世界舞台。但好景不常，西式餅店在九十年代緊接著興起，讓唐餅業陸續受到打擊。從前茶樓會兼營餅家，直到茶樓業陸續停業，轉營為只做餅家業務後，從此唐餅品牌都才紛紛改革以適應市場變遷。時至今日，雖然百年品牌唐餅店仍在，但是很多古老糕餅就只能在舊區小老店中尋找，或甚至面臨失傳的局面。

皮蛋酥
10元/個

雞仔餅
40元/磅
25元/半磅

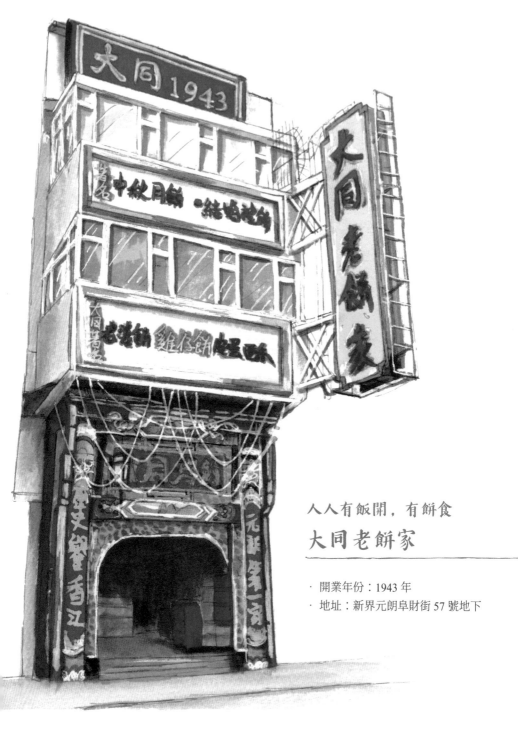

人人有飯開，有餅食
大同老餅家

· 開業年份：1943 年
· 地址：新界元朗阜財街 57 號地下

　　「為達致世界大同」而起名為「大同老餅家」，開業超過七十年，元祖店正好位於唐餅發跡勝地元朗，大同亦是元朗歷史最悠久的唐餅店。剛開業時大同是以售賣花生糖、杏仁餅起家，後來逐漸加入不同的唐餅。元朗是唐餅業競爭的重地，早在五十多年前大同與同為老餅家的恆香、榮華積極發展餅食業務，三大老餅家在元朗的據點就只差一條街，非常接近，但品牌之間仍然保持著良性競爭，大家更會切磋餅藝。後來恆香和榮華發展壯大，只有大同維持用香港本地、傳統古法人手製作，把生產量控制在適量的水平，堅持使用優質的材料，以確保每一件餅都是高品質之作。

　　大同的發展一直比較遲，因為他們追求的是所有餅都得是新鮮出爐、即賣，但因為香港土地問題，店舖要做到「前舖後廠」是非常有難度的，如果是承租，租金會非常昂貴，如果是自置物業同樣有資金難題。所以大約在十年前，大同才正式在別區邁向第一家分店，在屯門設置中央餅房，並陸續開了幾家分店，但大同的目標依然是「前舖後廠」，希望能讓客人吃到最新鮮的食物才是大同的宗旨。

懷舊唐餅

棋子餅

外型細小就像棋子一樣,內餡多樣化,可以是甜餡紅棗、蓮蓉,鹹餡則是火腿,整體就像一顆迷你的月餅。

嚤囉酥

又名甘露酥,同樣是歷史最悠久的唐餅之一,相傳是在三國時代的甘露寺附近開始販賣。甘露酥據說是在戰後才傳入香港,並在中環嚤囉街一帶的小販檔擺賣至街知巷聞,所以才稱為「嚤囉酥」。嚤囉酥可搭配不同甜餡料,以豆沙餡較為普遍。

核桃酥

是歷史最悠久的唐餅之一,以前是宮廷內的小點心,以麵粉製成,上面鋪上核桃,口感非常酥脆,是香港傳統嫁囍禮餅之一。

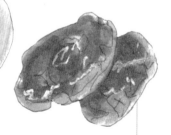

又名小鳳餅,用南乳、花生和豬肉製作而成,味道甜中帶鹹,口感香酥脆。

雞仔餅

光酥餅

中國最聞名的民間小吃,以前平民沒錢吃飯就會吃光酥餅充飢;外表看起來非常乾爽,但口感鬆軟,食用時必須備有飲料來解渴。

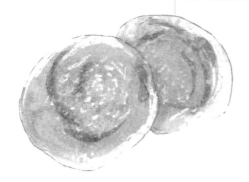

皮蛋酥

屬於唐餅酥皮類小餅食,外皮呈現金黃色,蓮蓉內餡包裹著皮蛋,外層鬆化內裡的蛋皮堅韌,亦是香港傳統嫁囍禮餅之一。

老婆餅的由來眾說紛紜,但都是和「老婆」有關,當中最為人動容的典故是:從前有一位女子因為家翁生病沒錢治療,便自願賣身為奴,而她的老公因為不捨自己的老婆,幾經辛苦研製出一款外層酥鬆,內餡為柔軟冬瓜蓉,嘗起來回味無窮的酥皮餅食。老公靠著賣餅賺得的錢,最終把老婆贖回來,後人便把此餅稱為老婆餅。

老婆餅

傳統童年小吃

糖蔥餅

由潮汕傳入香港，曾經紅極一時的小吃，薄餅皮內包裹著扁條狀的空心糖蔥，香脆的內餡和香甜的滋味，是八十年代以前出生的人的甜蜜回憶。

牛耳餅

據說是源自戰國時期的小吃，又名貓耳朵或牛耳，屬於廣東食品，口感香脆，亦是過年過節必備的小吃，直到現在也是頗受歡迎的傳統小吃。

以糯米粉和砂糖做成粉糰，再包入紅豆蓉，放到熱鍋中以菜油煎至金黃色就完成。通常買豆沙燒餅時會問你要「有餡」還是「沒餡」的，因為有些人純粹只愛吃那糯米皮，就會買沒內餡的燒餅。

豆沙燒餅

茶粿

茶粿的內餡有花生、眉豆、綠豆等材料，外皮通常只有紅、白兩色，大致分為客家茶粿和粵式茶粿，現在只能在遍遠地區的小店才能買到。

糯米滋

以糯米粉和砂糖做成粉糰，再包入不同餡料，如紅豆蓉、花生、蓮蓉等，整體類似麻糬，但糯米糍口感比較偏軟。

又名龍鬚酥，因為外層的乳白色細絲如龍鬚而得名。細絲一般以糯米粉和麥芽糖製成，內餡則以花生、砂糖、椰絲等混合揉製而成，口感特別且有層次。每當小檔攤開始製作龍鬚糖時，就會吸引大批小孩聚集，看著師父慢慢拉出一絲一絲的龍鬚再分段包入餡料卷成龍鬚糖，現場就像一場迷你的小型雜技表演。眼見龍鬚糖新鮮包好，小孩們就會嚷著要大人買來吃。

龍鬚糖

經典糕點

鬆糕

以糯米粉、麵粉、發粉和砂塘拌勻，再將麵糊倒入配內碗內蒸熟便成，外型跟馬拉糕極像，其口感鬆軟Q彈，但在香港市面上已很難再找到。

白糖糕

另有一非常陌生的名字叫倫教糕，是以白米和白糖蒸製而成的糕點。據說白糖糕的誕生是因為明朝有一糕點小販在蒸製鬆糕時失手，令糕質下墜而形成。沒料到成品卻大受歡迎，後來糕點師父改用了白糖來製糕，所以人們就簡稱它為白糖糕。

材料中並沒有香蕉，卻因其乳白的外表和味道跟除皮後的香蕉相似而得名，至於有香蕉味道則是因為製糕時加入了香蕉油，外面的那一層白色粉末是粘米粉，用來防止黏在一起，口感偏軟味道清甜，是七十年代最受歡迎的小吃，現在在中式餅家或舊式餅店仍能找到它的踪影。

香蕉糕

紅豆糕

以紅豆、粘米粉、馬蹄粉製成，顏色跟砵仔糕相似，跟芝麻糕一樣是酒樓常見糕點之一。

芝麻糕

主要以黑芝麻和白芝麻拌入馬蹄粉製成，入口充滿既清新又香濃的芝麻味道，就是外型墨黑色的糕點，現在在酒樓、中式唐餅店仍然有售。

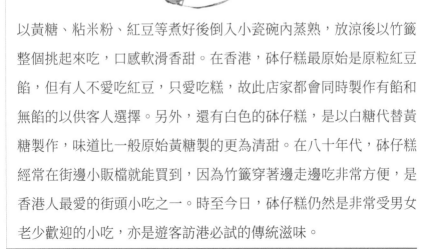

以黃糖、粘米粉、紅豆等煮好後倒入小瓷碗內蒸熟，放涼後以竹籤整個挑起來吃，口感軟滑香甜。在香港，砵仔糕最原始是原粒紅豆餡，但有人不愛吃紅豆，只愛吃糕，故此店家都會同時製作有餡和無餡的以供客人選擇。另外，還有白色的砵仔糕，是以白糖代替黃糖製作，味道比一般原始黃糖製的更為清甜。在八十年代，砵仔糕經常在街邊小販檔就能買到，因為竹籤穿著邊走邊吃非常方便，是香港人最愛的街頭小吃之一。時至今日，砵仔糕仍然是非常受男女老少歡迎的小吃，亦是遊客訪港必試的傳統滋味。

砵仔糕

嫁女餅

　　傳統的婚嫁習俗都會使用上指定幾款唐餅來取意頭，而每一款唐餅都有其獨特的內餡和寓意，是傳統中式婚嫁儀式不可缺少的一部分。相傳嫁女餅是沿於三國時期，孫權接受了周瑜的獻計，假裝要妹妹嫁給劉備，邀他到東吳成親，以收回長借不還的荊州。劉備亦藉此將計就計，一入東吳便大派禮餅，讓這件喜事弄假成真，當喜事流傳出去，從此便有了派嫁女餅的習俗。

　　嫁女餅中必備的四色綾酥，其「綾」是中國古代四種名貴紡織品，綾、羅、綢、緞的代表，因此以「綾」命名的彩色綾酥，就象徵著榮華富貴。

蓮蓉雞蛋糕

橙綾

黃綾

白綾

欖仁合桃酥

紅綾

黃綾

黃色的酥皮餅食，通常是以豆蓉作餡，在中國古代人們重視五行學說，認為黃色為土，位居五行的中央，是象徵著天子的尊貴用色。同時，黃色亦是黃金的顏色，具有財富的象徵，所以有金銀滿屋特寓意。

紅綾

紅色的酥皮餅食，通常是以蓮蓉或紅豆蓉作餡，是多款嫁女餅中最為講究。因為紅色在中國傳統中象徵好兆頭，所以有喜慶、好運、吉祥和幸福的寓意。

欖仁合桃酥

「欖仁」取其廣東話同音字「攬」的意思，代表著「攬著」（抱著）、「恩愛」之意，至於「合桃」則代表著「和合」之意，故此有夫妻和合的寓意。

橙綾

橙色的酥皮餅食，通常是以蛋黃及白蓮蓉作餡；有金光燦爛、富貴吉祥的寓意。

白綾

白色的酥皮餅食，通常是以五仁作餡；有白璧無瑕及白頭到老的寓意。

蓮蓉雞蛋糕

雞蛋有旺丁旺財、開枝散葉之意，故此有甜蜜融洽，年生貴子的寓意。

太婆餅

像巨型的月餅，一般至少是半斤裝，以小麥粉、白蓮蓉及砂糖製成。在香港，若女方的祖母或曾祖母還健在的話，為表男方的誠意，會特意送贈「太婆餅」予長輩，讓他們跟朋友分享嫁孫的喜悅。

新娘上頭儀式時必備的囍餅，在中國傳統文化中，龍和鳳是帝王的象徵，「龍鳳呈祥」有喜氣、高貴、吉祥的意思。因此，龍鳳餅有祝福一對新人富貴豐足之意。在香港，龍鳳餅通常不會食用，只用來供奉祖先，一般會存放到發霉為止，寓意發財。如果切開龍鳳餅食用，即是把天作之合分開，有不吉利之兆。

龍鳳餅

特別收錄

舊式西餅

　　蛋糕西餅日新月異，舊式的西餅也跟唐餅一樣買少見少。現在的蛋糕、西餅花樣眾多，大多都會用上大量奶油作配搭，而且造型越見花巧。香港從九十年代開始興起了西餅熱潮，人們會在餅店或冰室買餅吃，而舊式西餅則是香港八十至九十後出生的人們最經典的童年回憶之一。

職場要懂的「散水餅」文化

在香港吃西餅亦有一種獨特文化，就是派（派發）「散水餅」。也就是離職或轉職前，在最後一天上班時，請同事或上司吃西餅，此為職場上的潛規則，用意是答謝同事與上司一直以來的照顧及幫忙等，亦視為「好聚好散」的一分小心意。

菠蘿蛋糕

由德國李子牛油蛋糕演變而成，在牛油蛋糕上加上鳳梨烤焗而成，味道酸甜充滿鳳梨香氣。

花卷

外形像瑞士卷，內部以班蘭蛋糕、巧克力蛋糕和咖啡味蛋糕組合而成的蛋糕卷，是八十年代非常熱門的西餅款式。

筆者最愛吃的蛋糕款式，有多層酥皮加上奶油再夾著蛋白餅，蛋白餅中亦會加上核桃增加口感。亦有些餅店會把香脆的蛋白餅部分換成普通的海棉蛋糕，是一款口感酥脆富有層次的西餅。

拿破崙

外層像可頌，鹹香鹹香的酥皮裹著香甜的奶油，口感酥脆，但內部則幼滑細膩，是一道極花功夫的西餅。

忌廉筒

荷蘭撻

又名飛天炮／煙囪餅，因為西餅中央有一凸起的小蛋糕而得名。凸起的部分表面是黃梅果醬，像煙囪的頂部，撻的表面是一層白色的糖粉，就像白茫茫的雪地。通常，小孩特別喜歡先吃凸起的煙囪部分，再吃剩餘的蛋糕。

黃梅花籃

圓柱狀的小蛋糕，最上面那層是一圈奶油圍繞著橘色的黃梅果醬，外圍鋪滿烘成金黃色的椰絲，造型就像一個花籃般，是幾十年來都很受歡迎的經典西餅之一。不過現在在餅店找到的都是長方形，不再是圓柱形狀。

小孩最愛的西餅款式，因為有滿滿的巧克力包圍。外層是脆皮巧克力，內裡是巧克力海棉蛋糕，西餅師父要先將長方形巧克力蛋糕，對角切開一半，變成兩個三角形後，再將蛋糕反過來以奶油黏在一起，最後再排成正三角形。有些西餅師父會在脆皮巧克力上再撒上彩虹碎來增加口感，不過因為製作工序繁複，現在很多餅店都沒有再做此款西餅了。

三角朱古力蛋糕

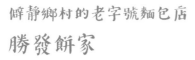

僻靜鄉村的老字號麵包店
勝發餅家

· 開業年份：1961 年
· 地址：新界元朗錦田大馬路 215 號 A

　　在錦田這個遠離繁囂的近郊小區內，是難得能讓人感受到香港舊時小村落的氛圍地，在這裡有一家村內著名的麵包店，所有住在元朗錦田的人都是吃他們的麵包長大。他們的招牌麵包就是「忌廉筒」，據店內主持的蔡師傅說到：「最高峰時期每日可賣出二、三百個忌廉筒，更會有客人特意從西環開車到元朗錦田過來買。」為的就是一嘗這個香港近乎失傳的忌廉筒。

　　這個忌廉筒真的有這麼好吃嗎？大家可能會疑惑，所以筆者都特意到錦田一探究竟。剛巧去探訪一位住在錦田

的親戚時，說起錦田有一間麵包店很有名，話沒說完親戚就說「忌廉筒」、「勝發忌廉筒」，讓筆者超級意外，原來說到麵包，所有人都知道「勝發忌廉筒」，大家都表示從來沒吃過比勝發更好吃的，所以錦田人每逢路過勝發都會買忌廉筒。後來我們開車到勝發，發現在這僻靜的村落竟然會出現人龍店，絕對是非常神奇的事，排了一會終於輪到我們了。「什麼！賣光了？」筆者山長水遠來到為的就是忌廉筒，然後唯一辦法是先預訂，大約一個小時內回去才能品嘗。鹹香酥脆的外層卷著香甜的忌廉，一出爐新鮮立即品嘗，當真是外面嘗不到的美味，吃一口童年回憶立刻回來了！

開業已經有五十九年，原本在元朗市中心擺街邊檔營業，大約在三十幾年前才搬到現址。店舖三十年不斷一直保持簡約舊式風格，店內買的麵包款式亦沒有改變，除了製作一般常見的雞仔餅、老婆餅、菠蘿包等老派港式麵包。多年來堅持使用貴價本地食材，人手製作麵包，而且現在店內的麵包售價近乎停留在二十年前，客人可以用街坊價就可以品嘗到這些美味的麵包。已經年過 70 歲的蔡師傅做餅已經做了五十多年，至今他仍然不怕辛苦，每天都開店做麵包，從來沒有想過退休，「有人買就繼續賣！」只要做得開心，客人吃得開心才是最重要。

最嘟喳的車仔麵文化

相信車仔麵文化是繼茶餐廳文化後，對外國人來說，又是另一個讓人費解的飲食文化之一。五十年代香港經濟尚未發展之時，人們的生活水平較低，於是很多人便自製流動熟食車，在街頭經營起無牌小販檔（又稱走鬼檔、小販檔、宵夜檔），所以流動熟食檔攤亦是當時街頭常見之物。小販檔所販賣的熟食種類繁多，最為人所熟悉的有魚蛋檔和雞蛋仔檔，當中有一些小販運用流動熟食車來販賣麵食，他們把木製的流動車改裝成可煮食的小廚房，上有一格一格的煮食格，下有加熱用的水火爐，車上更裝有彈簧製的簡單避震裝置，以減輕推車時候食格內的湯汁會被震瀉，故此人們便稱這流動麵食檔為「車仔麵」。

然而，因為經營車仔麵的小販常在凌晨時分於市區的後巷準備食材，直到清晨才把木頭車推到街上叫賣，加上販賣及經營的環境都常有衛生問題，所以人們又會稱車仔麵為「嘟喳麵」，而「嘟喳」在香港的意思是骯髒。車仔麵的售價相當便宜，而且由麵底、配料到湯底都可以任由客人自由配搭，加上提供的選擇款式眾多，味道佳又能飽

肚，故此直到現在，車仔麵一直都是相當受歡迎的香港特
式麵食。

　　不過隨著社會的不斷發展與進步，香港人對食物及衛
生要求都大大提高，所以現在流動熟食小販檔接近絕跡，
只剩下一些比較遍遠的屋邨能見到，或是在農曆年期間才
會偷偷出來營業。此外，車仔麵這種平民美食亦漸漸走向
實體店舖化，人們已能在店內安心的坐著進食，不用擔心
「走鬼」之餘，衛生環境亦大大提升。

學生時代的最愛車仔麵 + 腸粉

永年士多

· 開業年份：1962 年
· 地址：新界元朗教育路 88 號寶城洋樓地舖 2 ～ 4 號

在元朗無人不認識永年士多，特別是在元朗市中心上學的中學生，更不會對它陌生。因為第一家店就是座落於元朗 BAND 1[*]校院區旁，而且對面就正好是 BAND 1 的元朗商會中學，那正是筆者姊姊的母校。以前經常聽姊姊說她們那邊的學生，每天上學前都會走到永年買一串魚蛋或燒賣，當早餐吃，一邊吃一邊走路上學，接著午飯時間由於零用錢不多，也會去永年用餐，最省錢的吃法是直接點一份腸粉加魚蛋燒賣。如果當天的零用錢比較鬆裕，就會「幫襯」（惠顧）他們的車仔麵，點三個配菜加一個麵底，加上他們自家特製的醬料及祕製辣汁，好吃到放假不用上學都會特意回校補課，為的就是一嚐他們的車仔麵。而且其中的豬紅、豬皮、雞翼、魷魚等，都是令人回味無窮的好味道。

　　永年最初在屏山經營粥麵小食店,後來才搬到元朗市中心經營士多(store ∕雜貨店),以販賣糧油雜貨為主,之後才陸續販賣魚蛋、腸粉等小食,直到八十年代末才加入車仔麵生意。在一間小小的士多中,一邊是車仔麵專用的開放式廚房,狹窄的另一邊則放置了兩張餐桌和椅子,對街的一邊更放了一個大大的飲料冰櫃,吃飯時間一到,店外都是長長的人龍,客人塞滿狹小的店面。後來永年更把隔壁店舖都處理掉,才有比較多的空間做生意。多年來因為食物口碑優良,加上近年已由第三代接手,便為店舖注入新思維,不但重新裝修,建立品牌形象,更在港九地區開設分店,擴充業務市場。

---

* BAND 1 學校:在香港的教育制度下,由教育機構將全港所有中學(即台灣的國中＋高中)按該校學生於公開考試獲得的成績和校風等作公開排名,就是「全港中學排名榜」(BANDING)。不管是私營、公營還是資助學校,總之是在港登記為中學校的學校,都會逐一掉進排行榜內。當小學升中學時,基本會以統一派位安排中學,教育局會把全港學生按調整分數後的呈分,按照個人的成績平均分為三組,BAND 1(最高分∕級)、2、3(最低分∕級)。在筆者讀書的年代就分為 1 至 5 組,然後按照評級分組再統一為升中生分配相同等級的學校,當然學生亦可自行跟心儀的學校申請入學。在香港能進入 BAND 1 學校,就是你升大學的重要鑰匙,因為其學校師資一般都較為優良。另外中學除了分 BANDING 之外,學校還分為兩種教育語言,包括中中(全中文教學)及英中(以英語為主中文為副教學),如果子女能進入英中的學校更是勝人一籌,因為英中學校的日常溝通和教學都是以英語為重點,如果想要子女能操得一口流利英語,英中學校必然是首選。

心驚膽戰的「走鬼」戰

　　「走鬼」即是小販管理隊追捕無牌小販時，小販逃跑的情景。每次小販管理隊到來、清場時，小販們為了躲避追捕，就會推著流動熟食車四處奔跑及躲藏。重點是小販管理隊的追捕非常夠力，每每都會追上幾條街仍不放棄，如果你的體能不夠是不可能做小販。另外，如果被抓到所有食材不僅會充公，更會有罰款，所以每當發現小販管理隊將到，小販們就會一同大叫「走鬼」啊！作用是提醒其他小販們要即時收拾檔攤快跑，另一作用是提醒客人或路人盡快讓開，好讓小販們順利並迅速逃脫。

　　不過經歷了長年的發展，有些小販群組都已發展成由一些當地的「特別組織」負責管理，在街上擺檔時有機會要繳交「保護費」，組織會派人在遠處「站崗」把風，如果小販管理隊的車輛出現，便會提前通知小販們盡快「走鬼」。而且大型的小販群組更是非常有系統的管理，「走鬼」的先後會有次序安排，大家會按既定次序輪流逃跑，例如這個星期我是第一檔可以「走鬼」的，下一個星期就是最後一檔走，這樣才不會因為大家同一時間「走鬼」而引起混亂，導致「全軍覆沒」。

回憶中充滿美食的深夜

「走鬼檔」對於七、八十代前出生的香港人感觸最為深刻，特別是在屋邨長大的人們，凌晨時分一家大小拖著小狗一起到樓下吃宵夜，整條街都是流動小販車，什麼食物種類都有，相當熱鬧。筆者在小時候吃過的小販檔超多，最熱鬧時全街有超過 20 檔小販車仔，感覺就像是台灣的夜市般，有粥粉麵檔、魚蛋檔、串燒檔、車仔麵檔、糖水檔、炸物檔、雞蛋仔檔、煎蠔餅檔、鐵板燒檔、小炒檔、豬雜麵檔等等，現在想起亦回味無窮。筆者小時候跟家人經常正常晚餐吃很少，然後特意留肚到凌晨興奮地「落街食宵夜」。因為一星期七天有四天都會去食宵夜，特別是暑假期間，所以差不多每晚都吃很飽，然後滿足地入睡。現在回想起來都是美好、快樂的回憶，相信大多數屋邨長大的人都絕對會有同感。

最落幕的大牌檔文化

　　「大牌檔」代表著香港草根階層的飲食史，它的出現最早可以追溯到二十年代，為了體恤因工受傷或殉職的公務員及其家屬，讓他們有能自力更生的機會，所以當時的殖民政府幫助他們提供一個為持生計的方法，就是讓他們在街上經營食檔，以便宜的牌照費來申請營業，更不用付租金。久而久之，此計劃更發展至基層大眾。「大牌檔」是政府因應不同的攤檔形式，發放不同的營業牌照，當中「大牌」是佔地較大且販賣熟食用的牌照，所以便俗稱為「大牌檔」。另外，亦有人稱之為「大排檔」，因為當時的大牌檔內都是一排一排的長桌，佔用了很大的地方，所以亦稱為「大排檔」。

南山咖啡室

是香港僅存，仍在營運的舊式屋邨冬菇亭食肆，是附近石硤尾公屋居民的集體回憶。

現在要在香港體驗最熱鬧、最地道的大牌檔文代已經很難，因為衛生環境和食物管制日漸嚴緊，大牌檔這種衛生條件較差的食肆，便陸續面臨淘汰等局面。由過去陪伴香港人成長的屋邨冬菇亭大牌檔，基本上已經陸續被改建到跟原來的樣貌完全不同；到現在要品味大牌檔風味，只剩下如深水埗或者中環等的小型鐵皮街邊牌檔。大牌檔文化雖然對香港歷史有著舉足輕重的影響，但如今亦難逃被時代巨輪吞噬的結果。

老街坊人情味大牌檔
根記大排檔

· 開業年份：194X 年
· 地址：九龍深水埗醫局街 94 ～ 98 號地下

　　深水埗是大牌檔的集中地，因為是九龍區民居最集中的老社區之一，除了有食肆牌檔，亦有各種各樣的乾貨牌檔集中在此區。因此要體驗香港最地道的生活文化，前來深水埗絕對令人大開眼界。不過最近十年左右，深水埗的大牌檔一直面對著不同的牌照續領問題，原本可以世襲的牌照，因不同的消息傳出說大型發展商想要收地發展，導致大牌檔續牌被一拖再拖，令深水埗的大牌檔面臨不知未來等局面。

　　根記大排檔在四十年代初已在深水埗開業，一直以來都是經營著如茶餐廳般的大牌檔。根記最為人所熟悉的就是豬扒麵，製作十分講究的祕製炸豬扒，外脆內嫩，一口吃下去，豬扒仍能保留肉汁，加上香港人最愛的方便麵「出前一丁」，簡單又美味的選擇。不過最特別是，他們不只提供原味出前一丁，而是有多款口味出前一丁供客人隨便選擇，這樣的安排非常獨特，而且更滿足到香港人「三心兩意」的需求。另外，配豬扒麵吃一定要來杯絲滑的凍奶茶，這樣簡單的一餐大牌檔美食，就是香港人過去的平凡日常了。

只有大牌檔才能吃出人情味

　　現在牌檔已經經營到第三代，一家人始終秉承第一代的好手藝、好味道，幾十年來在深水埗和街坊街里養成了良好的人情味，熟客來到只要一句「照舊」，老闆就會自動按照個別熟客慣常的點餐準備食物，這就是老社區種下來的獨有鄰里風情，是現今香港社會極為缺乏的鄰里關係。根記的地道牌檔風情，幾十年來吸引到很多明星前來光顧，如劉德華、黃子華、森美等，更有很多電影和電視劇來拍攝取景。

最風味的傳統茶樓

「得閒出來，飲個茶，食個包！」

　　「飲茶」在香港是保存得最完好的中式飲食文化傳統，
而且更是獲得很好發揚光大的機會，所有外國人來到香港，
一定會去「飲茶」──沒有飲過茶就等於沒有來過香港。

香港的飲茶文化源於廣州的粵式茶樓，於十九世紀末引入香港，香港第一家茶樓名叫「杏花樓」位於上環，最初茶樓只是品茗的地方，之後更開始提供點心，後來還有現場戲藝表演。但後期茶樓逐漸被酒樓所取代，所以在香港正宗的茶樓已經買少見少。至於兩者之間最大的分別是，以前茶樓通常只是做早市和午市，酒樓則傍晚時分才開放用餐。不過隨著時代的變遷，酒樓開門營業的時間越來越早，到了現在，兩者之間的分別已經變得越見模糊。現今，一般的酒樓服務比較周到，想吃什麼從點心紙上選擇，在紙上選項打個勾勾，選好交給店員便可以；茶樓則大多保留點心車並用來出點心，或是在大牌檔（即售賣即製點心的角落）想吃什麼就去找點心車，不然就到大牌檔直接取點心。

「蝦餃、燒賣、鴨腳紮、牛肉球……有無人要？」

對於點心大家都應該不陌生，但古早點心大家有沒有吃過？很多古早點心因為工序繁複，時至今日已經很少地方能嚐到，加上技術及食譜無人承傳，古早點心就顯得更加稀有。

冰花蛋球

又名沙翁，已有百年歷史的甜點，由砂糖、豬油、雞蛋及糯米粉搓製並炸成，外面金黃香脆，沾滿了砂糖，內裡則鬆軟，非常適合小朋友的口味。

豬潤燒賣

以黃沙豬潤、豬肉、蝦膠等釀製並蒸煮而成的特色古早燒賣，時至今日，在市面已是非常難尋的點心。

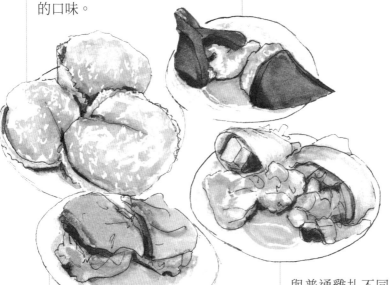

以豬肚、豬肉、蝦膠和冬菇等釀製並蒸煮而成的特色古早燒賣，需經過三洗三煮才能成型，和豬潤燒賣是同級的點心，都是非常耗時花工夫的懷舊點心。

豬肚燒賣

與普通雞扎不同，一般雞扎是以腐皮包裹食材，但鮮淮山雞扎則以鮮淮山片包裹著雞件、豬肉、冬菇及魚肚，是需要高度手工技巧的一款古早點心。

鮮淮山雞扎

芝麻卷

特式甜點之一，是在七十至八十年代的茶樓、酒樓非常常見的甜點心，但現在已十分少見。以黑芝麻、冰糖和馬蹄粉蒸煮而成，製作時基本上要卷成七圈，口感才會Q彈。芝麻卷又名菲林卷，因為外形像極了菲林相機（film camera，底片相機）所用的菲林（film）而得名。

鵪鶉蛋燒賣

以鵪鶉蛋、豬肉、蝦膠和白色燒賣皮包製、蒸煮而成，是一特色古早燒賣，也因為有鵪鶉蛋，所以以高卡路里而聞名，還曾一度近乎失傳。近年開始有不同大小點心店、茶樓重新製作，成為了頗受歡迎的特色點心。

據說起源於二十年代，在當時被稱為是「窮人燒味恩物」。初期的金錢雞是以每天賣剩的豬肉、肥膏再加一片雞潤製成，雖屬「下欄」菜式（茶樓酒家的剩菜），但卻是紅極一時的平民點心。直到六、七十年代，香港經濟起飛，金錢雞的身價才跟著提升，成為高檔酒樓的貴價菜式，不過也因為製作工序太花心思和時間，便慢慢被酒樓燒味店所遺忘，如今還有製作傳統金錢雞的地方可以說是寥寥可數。

金錢雞

隱藏於山中的舊式山水茶樓

正宗的茶樓在香港十分罕見,然而平價又可品嘗到傳統風味的茶樓在川龍村就可以找到。川龍村位於荃灣,根據歷史記載已經建村超過四百年,是一處曾姓的客家村,而川龍村因為水質優良,所以現在以種植西洋菜而聞名。在十七世紀末至二十年代初,川龍村因位於大帽山的優良地理上,故此亦曾經是茶樹園。於日佔時期亦曾種植稻米並自給自足,可見川龍村的天然資源非常豐富。

端記茶樓

開業年份:1970 年
地址:新界荃灣荃錦公路川龍村 57–58 號

彩龍茶樓

開業年份：1980 年

地址：新界荃灣荃錦公路川龍村 27 號

　　位於川龍村內就隱藏著兩間懷舊茶樓，一間是開業超過 50 年的「端記茶樓」，另外在山上還有一間開業超過 40 年的「彩龍茶樓」。兩間茶樓都非常傳統，特別之處在它們位處山上，與大自然相當接近，幾十年來賣的仍然是傳統點心，他們的茶特別香純，除了是因為順龍村的水源水質優良，沖出來的茶自然香之外，更因為這裡飲的茶都是客人自行取茶葉沖茶，所以就更有獨特韻味。來到這兩間茶樓當然要點西洋菜、山水豆腐花和芝麻卷來吃，因為是川龍村內的特產，而且當中的端記茶樓曾是黃秋生主演，著名恐怖電影《八仙飯店之人肉叉燒包》的拍攝地，亦是著名影星周潤發爬山時會光顧的山水茶樓。

八十後的有趣童年飲茶回憶

　　在筆者小時候，每到星期日父母都休假不用上班，爸爸便會一早起床到樓下的茶樓飲早茶（早上喝茶），因為他不想一個人去，就會把我也弄醒，抱著我一起去茶樓等位，有位了可以入座時，點好想吃的點心，媽媽就會抱著姐姐剛好抵達，一坐下就有東西可吃。印象中，在跟爸爸一早出門等位的空檔，他都會買一點小玩意給我，免得我哭鬧喊悶，因為基本上每一間酒樓／茶樓的大門前，必定會有一檔報紙檔存在，販售的除了會有大人看的報紙雜誌外，還會有小朋友玩的小玩具，到後期更有漫畫和扭蛋機等新品出現。以前香港人的飲茶習慣是買一份報紙去飲茶，一邊看報紙，一邊聽廣播新聞，一邊飲茶，一邊閒聊。至於小朋友和大朋友去飲茶時，父母通常會買或者是帶一點小玩具讓孩子在飲茶時玩，所以小朋友從來都不怕悶。一般來說，小朋友去飲茶最愛吃點心的一定是七彩色的啫喱糖，因為糖上一定會插著一把美美的小紙傘，其實點它是為了小紙傘而不是為了吃啫喱糖。到了小學時期，筆者跟爸爸去飲茶時，就會求他給十塊錢去玩扭閃卡和扭蛋，什麼 YES 明星閃卡、卡通龍珠閃卡、美少女戰士閃卡等，小

朋友滿滿的閃卡都是在飲茶時抽回來的。不過萬一不給扭卡的話,我們就會帶著 GAMEBOY 在飲茶時大玩特玩。其實筆者對飲茶從來沒有太大興趣,但因為每次去多少都會有點收穫,所以每次都不會拒絕陪飲茶,還會主動跟上去,這應該是八十後出生的香港人最有共鳴的童年回憶。

帶出門玩樂的懷舊小玩意

GAME & WATCH

砂炮

泡泡膠

搖搖

彈彈波

泡泡水

扭卡機

紙公仔

扭蛋機

GAMEBOY

打工仔之苦，遍地開餐

由於 2020 新冠肺炎大流行，特區政府實施「全面禁堂食」，最後眾多打工仔沒有場所可用餐，便帶著外賣直接蹲在街頭，坐在地上進食。

Chapter 04　遺忘了的過去日常

　　每日、每刻閒逛在看似平常的街道上；每次、每回路經看似必然的市集旁；每時、每分遊走在看似陌生的景點中。到底，人們對這些地方的背景遺忘了多少？人們可曾了解過這些地方背後蘊藏著多少充滿歷史意義的舊事蹟？

　　作為香港人每天生活的日常，每天走過的路上都隱藏著香港人的過去。有些地方看似平凡，那只是人們從不曾認真去了解它們的「前世今生」，一旦這些具有時代意義的地方逐漸消失、被人遺忘、面臨拆卸時，人們才被真正喚醒，並記起要保護真正「香港」文化及歷史的心。是否，要等到一切舊事物都在這個世上消失，連一點紀錄或記憶都不存在時，人們才想要急著了解自己的「根」卻無從稽考？想要守護「香港」這兩個字，我們是否應該先守護好它的「過去」呢？

於 1888 年開始營運至今的山頂英式纜車，來到 2021 年中下旬，迎來了退役安排，目前預計把從回歸前營運到今天的第五代列車換上新軀殼，圖中紅色的英式列車亦成為殖民歷史。

約建於 1845 年的赤柱古道

老街小故事

　　在香港這個彈丸之地，一條條繁忙的街道，一個個為
日常生活而聚集的市場，造就成這個袖珍且獨特的小城市。
香港從開埠至今，大街小巷早已因應周邊的生活環境而衍
生出不同的作業型態，這當中很多非常有特色的街道市集，
但卻已隨著城市發展而消失，亦有部分隨著時代的發展變
遷，以及社會環境與經濟的影響，逐步面臨被清拆或倒閉
的局面。

一．消失的老街

香港曾經有過一些非常獨特的街道，但現在已經消失了。有部分更充滿著歷史意義，同一條街道到了今天，面目全非的形象反差非常大，到底我們走過的街道蘊藏着什麼被人遺忘的故事呢！

上環舊時有一條「墳墓街」

· 現今位置：上環普仁街

　　在香港開埠初期，西上環一帶擠滿了因太平天國之亂，從內地逃亡到香港的難民。由於當時的港英殖民政府還沒制定殯葬政策，華人在進行喪禮後，沒有一個明確的地方可進行殮葬，便把先人埋葬在山坡下。1856 年在《德臣西報[1]》中就曾有刊登讀者投稿，說每日都會有 30 個人因為當時的鼠疫而離世，加上當年沒有固定的殮葬地方，所以只能挖一個深不及兩米的洞，把遺體草草的埋葬在山坡下。加上屍體沒有蓋上棺木就直接埋葬，每當大雨過後，腐爛的屍體便會被沖出馬路，於是山坡下的街道就被稱為墳墓街，直到 1869 年才正式命名為普仁街。時間來到 1870 年，首間華人醫院於普仁街落成，也就是東華醫院，醫院成為

了當時遺體的「代理人」，經常要處理很多無人認領的遺體。最後，醫院向殖民政府申請批地，才建立起屬於華人的義莊，然後再把骸骨都搬到義莊去。從此墳墓街再沒墳墓，時至今日除了東華醫院仍在之外，附近都變成了休憩區，當時滿街的棺材店，現在都變成藝廊、高級餐廳、咖啡店及酒吧，陰森的氣氛早已不再，不過恐怖的傳聞依然不斷地流傳。

中環舊時有一條「西洋高級妓院街」

· 現今位置：中環擺花街

擺花街開闢於 1840 年，在香港開埠初期就已經是西洋高級妓院的集中地。當年的嫖客習慣買一束花送給西洋妓女作見面禮，所以吸引了很多賣花的小販前來附近擺攤，進而形成了妓院花檔（花攤）並存的狀態。在這裡營業的西洋妓女大多來自葡萄牙，嫖客們都是歐洲商人和英軍。另外，當時的華人只會光顧華人妓院，他們的妓院主要在太平山街、普慶坊、荷李活道等一帶經營，但後來經歷了天災、大火、瘟疫之後，才大舉遷往水坑口一帶繼續營業。直到 1903 年當時的港督彌敦下令將全部妓院遷往石塘咀

重置，從此擺花街就只剩下花檔。時至今日，除了少數幾個花檔還在街上營業之外，這一帶已成為中環寸金尺土的 SOHO 區，而太平山街及普慶坊一帶則成為 POHO 區，再加上 NOHO 區，這幾處已成為中上環的黃金鐵三角地帶。

大型妓寨集中地，西環舊時有過「塘西風月」

· 現今位置：石塘咀山道

　　大家有否看過已故著名影星張國榮與梅艷芳主演的著名電影《胭脂扣[2]》，電影的歷史背景就是石糖咀的「塘西風月」。1903 年殖民政府把上環、西環及水坑口一帶的妓院，一併遷移到石塘咀山道上，從此興盛且富有體制的「塘西風月」時期便正式開幕！最鼎盛的時期，石塘咀山道一帶就有超過一百間妓院。當中更發展出「大集團式」的經營模式，擁有一百多名妓女的大集團，坐擁 20 間樓高 3 至 4 層的妓院。直到 1935 年 6 月殖民政府頒布全面禁娼，才讓塘西風月成為歷史故事流傳。時至今日，這一帶成為大學生的聚居地，因為香港大學就在附近；另外，山道亦發展成恬靜的住宅區。

流傳百年的潮語之「死靚仔」

大家時常覺得香港的文化承傳不佳，但「死靚仔」這句說話印證了香港的「罵人」文化就承傳得「相當好」，一句潮語能用一百多年。「死靚仔」一詞出於當年塘西風月時期，是昔日妓女用來罵變了心的俊男。直到今天，香港仍然持續使用這句塘西潮語，但現在的意思就稍有不同。二十世紀的「死靚仔」變成了「死嘅仔」，用來罵一些不識好歹的年輕人。

灣仔舊時有一條「囍帖街」

· 現今位置：灣仔利東街

上個世紀五十年代開始，這裡便聚集了大量印刷廠店，還逐漸形成了印刷品製作集中地。囍帖街一開始除了印製一些普通的印刷品外，還有製作一些信封信紙和名片，直到七十年代開始才提供各式各樣的囍帖、利是封及揮春等印刷服務，接著到八十年代才成為廣為人知的囍帖街。也就是說，香港當時每一對即將舉行婚禮的新人，都會專程前往囍帖街選購囍帖印品。而且這裡的印刷店都有一共同特式，就是他們都是開在唐樓之中，以前舖後廠的方式經營，對於採購印刷品的客人來說，這是最佳、一站式印刷

在 2005 年拆除的灣仔囍帖街

服務集中地。直到 2005 年，該地段被特區政府收回業權，
印刷廠店才在利東街迅速絕跡，原有的唐樓建築被拆卸重
建，之後蓋好的建物，是與原本印刷業完全沒有關係的高
尚住宅區。

忘掉愛過的他 當初的喜帖金箔印著那位他
裱起婚紗照那道牆及一切美麗舊年華 明日同步拆下
忘掉有過的家 小餐抬沙發雪櫃及兩份紅茶
溫馨的光境不過借出到期拿回嗎
等不到下一代 是嗎　　　　　──《囍帖街》歌詞

在 2008 年，有位香港作曲人以囍帖街重建作為主題，推出了一首歌曲名為《囍帖街[3]》。此曲表面上看似是一首情歌，但其實歌詞想要表達的卻是「對囍帖街被清拆而感到無比惋惜」，亦暗喻香港主權移交後的環境變化，藉此吸引社會眾人關注起此街重建之事。

中上環舊時有一條「鴨蛋街」

· 現今位置：上環新紀元廣場、中建大廈

想當年，原來中環與上環之間有一條很有名，賣鹹鴨蛋的街道。大概於十九世紀中葉，當時中環有一條街道名為「永勝街」，裡面都是從事批發的蛋行，專營鴨蛋、皮蛋和醃製鹹鴨蛋等生意的店舖，所以此處也被稱為「鴨蛋街」。這裡最鼎盛時期，整條總長百米的街道開滿了約 50 間大大小小的蛋行。另外，因為鴨蛋街的位置就在碼頭附近，當時的漁民經常都會前來買鴨蛋來用。據說，在魚網上塗上鴨蛋的蛋白，可以保持魚網的耐韌性，故此漁民亦是鴨蛋街的常客。

直到 1995 年政府收回鴨蛋街，並進行移平重建；1998 年新建物落成，也就是現在的中建大廈及新紀元廣場等大

型商業樓宇，但永勝街這個名字卻從此在地圖中消失，原來在這裡經營著的蛋行，大多都搬遷到西區副食品批發市場繼續營業。

爆趣廣東話

舊時常用句之「去了賣鹹鴨蛋」

鹹鴨蛋的製作過程中，除了用上鹽之外，還會加入大量的石牙灰。至於以前的人，將遺體入棺時，亦會在棺木內放入大量石牙灰，步驟跟醃製鹹鴨蛋的製作方式相似，因此「去了賣鹹鴨蛋」就是暗示人已死的意思。

1　《德臣西報》：又名《中國郵報》、《德臣報》（The China Mail），是香港開埠後第二份出版的報紙，也是在香港發行時間最長、影響力最大的英文報紙。該報創辦於 1845 年，直至 1974 年停刊，總共發行了 129 年。

2　《胭脂扣》：1987 年上映的電影，故事講述南北海味店太子爺十二少，在石塘咀綺紅樓上「紅牌阿姑」如花並陷入熱戀，後因父母反對，兩人便服用鴉片自殺殉情。事件過了 50 多年，如花成了鬼魂一直在尋找十二少，但最後發現十二少當時竟獲救而且沒有死，還敗光了所有家產，最後如花心死地離開人世間，是一齣悲慘愛情電影。

3　《囍帖街》：2008 年推出，是一首帶有保育意義的歌曲，作曲人為郭偉亮，填詞人為黃偉文，主唱謝安琪。歌曲一推出即橫掃多個歌曲獎項，成為當時熱唱金歌，街知巷聞。

二 . 沒落的老市場

經歷無數的年代變遷，以及大環境動盪的打擊，現在有些原本充滿特色的市場亦慢慢步向沒落。對於這些一息尚存的地方，我們是否應該堅守它們，努力的去維護並傳承下去，還是任由它們慢慢變成被人遺忘的歷史。時代巨輪不斷往前，時間也不停流逝，這些地方的生命跟我們的生命一樣正在倒數中，不過肯定的是，它們的時間所剩無幾，到底我們還能為它們做些什麼呢？就由我們來見證它們的生命吧！

一個行業的淘汰「報稅街」

· 位置：九龍油麻地玉器街內

位於原來的百年油麻地玉器市場內，有一條街最繁華之時有高達 40 檔以上的書信攤。舊時我們稱他們為「寫信佬」，由於當年沒有電郵沒有手機，人們要與國外或家鄉親朋好友聯絡都只能依靠寫信。雖然當時可以撥打長途電話，但費用實在太昂貴，所以很多人都會選擇寫信。不過，舊時香港人普遍的教育水平都不高，不像現今社會每個人都能讀書、識字，所以很多時候寫信這種事，就要找專業的寫信佬幫忙了。

　　一般的寫信佬基本上要懂多種語言，中、英、日、法等等，所以要寫信給外國人絕對難不到他們。據悉，以往曾經有很多高官達人都特意前來找他們幫忙寫信或者是報稅。但隨著科技的進步，現代人都不再寫信了，取而代之的是用手機、平板電腦等方式來聯絡。如今，書信攤的聚集地——油麻地甘肅街玉器市場早已清拆，玉器檔販和書信檔販們都搬進了新建好的市場大樓內，書信檔販們都上了年紀，閒時沒事也寧願在市場內開店，即使沒有客人，但在市場內見見老街坊舊客人聊聊天問候一下，就成為了他們的日常。這個存在了超過一世紀的寫信佬職業，在香港亦漸漸成為絕響。

被受關注的「寫信佬」的現況

　　這個古老行業縱使免不了被時代淘汰的命運，卻也避不開決策者無情的對待。即使搬進了新市場能繼續營業，但新的問題在重新營業的第一天便出現！原來在舊市場的每位「寫信佬」都各自擁有小小的一個固定檔口，可以作為一個小小的辦公室，而且至少有牆壁可以使用，空間亦足夠放一張小小的桌子，連人帶椅在其攤檔內作業。但是搬到新市場後，檔口竟只剩下一張小桌子的空間，既不能

在牆上貼張小小的 A4 紙作招牌，範圍更是小得可憐。在放
了桌子人都坐不下人的空間裡，「寫信佬」因工作經常會
牽涉很多隱私上的問題，現在連想要放一個間隔板隔開都
容不下，難怪人們都說：「這就是政府對古老行業的趕盡
殺絕……」在這個大型的市場內，難道連分割一點正常空

（左圖）以往的報稅街
（下圖）現在的寫信佬檔

間給經營者也做不到？看著待在這狹小空間內作業的老人
家們，不依靠政府養活，堅持只靠自己的一雙手努力生存，
此時此刻，理應新鮮熱鬧的新市場，來到「寫信佬」這個「牆
邊」，突然感到份外唏噓、無奈。

被遺忘的小販市場「棚仔」

· 位置：九龍深水埗荔枝角道 373 號

　　於上個世紀七十年代，深水埗汝州街與基隆街一帶聚集了滿街的布業小店及攤檔，直到 1978 年因為要配合地鐵通車，殖民政府便把汝州街上的所有布販遷移到欽州街現址上。此處前身最初是軍營，之後改建成「波地[1]」，最後搭建成現在的「棚仔」（臨時布疋批發市場）。根據在棚仔經營最久的檔主蘇太描述，以前汝州街和基隆街大街兩旁都聚集了一群經營著布匹買賣的臨時攤檔，路面非常擠逼，只有私家車和小巴能緊緊通過，連大台的巴士都駛不進去。現在仍有在大街上經營布匹買賣的臨時攤檔，只剩下基隆街一帶了。

同鄉就是要做同行

當時在深水埗經營布匹賣買的商人都是順德人，以舊時的習慣及文化來說，同鄉都是會做同行，比現在單一。蘇太也是順德人，所以理所當然地加入了布匹賣買行業，她在汝州街剛擺了檔約一年，政府便把他們搬遷到現址。搬進來後這裡沒有人、沒資源、沒有基本配套，也沒有保安，而且對面就是難民營。全數 192 個檔主搬到這空無一物且治安欠佳的空地上，簡單使用著政府提供的鐵檔，再自行搭竹棚配上防水布，便營造成現在我們所認識的「棚仔 2」。蘇太回想起剛搬進棚仔的首五年，沒有人知道這裡，亦沒有人懂來，那時可說是最難捱的日子了。直到八十年代末至回歸前，香港的工業發達，深水埗一帶聚集了很多山寨廠，所以當時的興旺繁華就成為了棚仔的全盛期，棚仔養大了蘇太 3 個兒女，更見證了三代人的承傳和生活。

守護棚仔的老樹

在棚仔經營了幾十年，令蘇太最深刻印象的是在三十多年前的一個 7 月颱風天，一股超強的 9 號風球颱風，差點把棚仔中的一棵八十年老樹連根吹倒。當時棚仔內的檔主即時集合了二十多名男丁，一起合力以大麻繩綑綁，將

已歪斜了的老樹扶正。從此每到農曆 7 月，檔主們都會聚在老樹下籌謝神恩，並祈求老樹保祐棚仔事事順利，而樹蔭下就成為了檔主們日常悠閑聊天交流的聚會點。日復一日的相處和溝通，形成了棚仔檔主之間無可取代的情誼，也體現現代難得尚存的人情味。

未來無人問津的棚仔

於 2005 年起，每隔一段時間，特區政府就會通知棚仔檔主，表示「要收地」，但直到今天棚仔仍能幸存，靠的是檔主們的努力爭取，跟檔主們聊天後更能夠深切的體會到現今香港難得一見的人情味，以及久違了互相關懷的鄰里關係。檔主們對於自己工作與小生意的熱愛，和對於在棚仔生活日常的嚮往。縱然遇上難捱的日子，都努力堅守著這地方；縱使眾多的檔主已百年歸老，走的終須走，但社會中還有一些想要守護文化承傳的人們與棚仔檔主們組織起「棚仔關注組」，義工們也不遺餘力的為棚仔四處跟政府各部門商討有關棚仔保留、活化，或者原地重建的可能，一起合力守護著已接近半百的「老」棚仔。

棚仔的未來還是未知數，歲月的摧殘令棚仔越見破爛，特區政府不予理會，只能單靠檔主們運用民間智慧來修修

補補。棚仔的環境問題是檔主們的擔憂，打風落雨天要做足防水準備，加搭防水布以免滲水令布匹報銷；夏天時棚仔前半場的棚頂使用上石棉板[3]作遮篷，吸熱強又防水，但後半場則以生鐵搭建而成，夏季最高溫時可達 45 度，而且容易引起蚊蟲等等。問題一個接一個，政府沒有理會亦不曾理會，或許曾有計劃過原址重建築起全新的時裝布料市場，但計劃遲遲未能落實。到底棚仔的結果是怎樣？我們只能拭目以待。

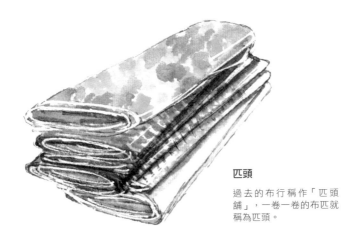

匹頭

過去的布行稱作「匹頭舖」，一卷一卷的布匹就稱為匹頭。

1 「波地」：即踢波（足球）的地方，亦即是球場。

2 「棚仔」：因為主要結構以竹枝搭建起簡單竹棚，並於上方蓋上防水布料作為屋頂而得名。

3 「石棉板」：吸熱又防水，拆除時會引起癈塵，香港於 90 年代已正式禁用。

百年不夜城「果欄」

·位置：九龍油麻地窩打老道九龍水果批發市場

在九龍鬧市中屹立了百年，充滿著草根氣息的不夜城。此處白天恍若一般菜市場，遍地腐爛的水果，有店家在叫賣，也有懶洋洋的老闆搓麻將的聲音，如同悠閑的菜市場般，家庭主婦們都在這裡尋覓自己心水的水果作為當晚的飯後果。直到黃昏過後，一車車新鮮水果陸續送抵，貨車不停穿越在市場的狹窄街道上。所以每到晚上八點之後，這裡就會換上不同的面貌，從悠閑的菜市場變成熱鬧又充滿活力的夜市，工人馬不停蹄的從卸貨區搬運著一箱又一箱的水果到每個欄檔。工人的汗水和喘氣聲一直持續到半夜十二點，此時整個市場又會變成一個大型的拍賣所，來自香港各區大大小小的水果商和餐廳老闆都會集合在此直到天亮，為的就是要投到、標到最新鮮最優質的水果。這裡，就是「果欄」持續了一百年的生活日常。

紮根百年的草根汗水痕跡

　　於 1913 年建成的油麻地果欄，在 2009 年被古物諮詢委員會評定為香港二級歷史建築。果欄最早期只以草棚搭建成檔攤，而且並非只賣水果，實際是以菜欄、雞欄等為主的傳統墟市，當時這裡只有像是「福和果菜欄」、「秀和欄」和「大益欄」等幾個大型的果菜欄，附近還有九龍魚市場。直到二、三十年代，殖民政府才開始正式批地，

讓果欄欄商在原地興建固定的房屋，而「福和果菜欄」和「秀和欄」就是最早期落成，以磚石搭建樓高一、二層，充滿戰前特色的建築。到了戰後五十年代，原本在日佔時期用來放置煤炭的空地，就建成了現在的石龍街和附近一帶的果欄建築，當時各個欄商檔主一同聘用了同一間建築公司為其興建房屋，故此在石龍街內有 16 個果欄的建築外觀都十分相似。然後，這裡最後便發展成現在這個佔地 1.5 公頃的超大型水果天地。在八十年代末最興旺時，果欄內有超過 300 多個欄商，同時有 3 萬多人在這裡工作。時至今日，果欄的範圍漸漸縮小，但仍然有超過 200 多個欄商在此經營。

前途未卜的老市場

果欄在油麻地屹立了一個世紀，早在 1958 年港英殖民政府時期，便開始跟果欄交涉、研究搬遷的方案。因為幾十年來果欄周邊都興建起不同的民居，果欄的運作為附近帶來交通、噪音及衛生等的問題，例如全年無休的果欄，每到凌晨兩點至六點都是整天最為「繁忙熱鬧」的時段，但這同時是一街之隔的民居重要的作息時間。居民每天都面對著此起彼落的吵雜聲，導致投訴不斷。另外，治安問

題亦是居民最為擔憂的。這些年來，特區政府對果欄搬遷的實質安排不是主意未決，就是沒有考慮到果欄營運的實際需要而提議出適合的搬遷計劃。

特別是近年，特首提出了保育及活化果欄的計劃。在相關的民意調查訪問中，訪問了幾百位附近的民居和業界，結果竟顯示有九成人數均支持原地保留果欄，並一致反對由政府提出的：於活化後在原址再興建「與行業無關的」私人住宅和商場的提案。當然，還有一些關於優化現在營運便利度的安排，大家也都支持。就此事可見，百年的搬遷大計一直被擱置，到現在又提出所謂的原地活化保育計劃，大半的提案都不被居民及業界接受！

香港人要的不是囍帖街事件再次重現，如果所謂的活化就只是把前人的努力成果推倒抹去，那只是藉著「活化保育」為名剷除老舊，藉著「活化保育」為名收回這片位於九龍市中心的「優質」地段。就此提案下，相關業界表態決定原址保留不變不動，如果是優化便利度當然可以商討，但在現在這個社會氛圍下，究竟有著「一股陳年老味道」、充滿著殖民舊氣息的果欄，它的命運將會如何？又有誰能保證。

鯉魚門三家村

舊城小故事

　　現代人流行打卡、美拍，到處尋訪一些美麗景點，卻忽略原來在現代人心目中一些所謂的打卡勝地，很多時候都背負著被人們遺忘了的重要歷史及回憶。我們在欣賞、陶醉並打卡、美拍之餘，若能同時了解到這些地方的故事，這樣才能令香港更有「根」更有「本」，令旅程變得更有深度及意義。

再見了嘉頓，見證了生命

　　嘉頓山[1]是一座位於九龍深水埗和石硤尾之間的小山丘，山腳下是著名的歷史地標「嘉頓中心[2]」，其建於 1935 年，曾經是當年九龍區內最高的建築物，亦是現存仍在營運中的二級歷史建築物之一。或許現代人不太了解它的歷史背景，只知道用 10 分鐘登上嘉頓中心後方的嘉頓山，就能飽覽充滿著城市萬家燈火的九龍夜景。但這充滿著歷史意義的嘉頓中心，卻將在數年內被拆卸重建，到時候其代表性的鮮紅色鐘樓及外牆將不再復見！

嘉頓家庭什餅

香港人的嘉頓

「嘉頓有限公司[3]」在香港擁有接近一百年的歷史，而且對香港的貢獻是無可置疑的。嘉頓陪著幾代香港人的成長，經歷了無數的歷史事件，拯救了無數香港人的生命。

嘉頓公司於 1937 年的抗日戰爭中，為港英殖民政府及市民，連續七日、24 小時不眠不休的趕製出 20 萬磅軍餅，作為防空洞餅乾和軍用餅乾等的緊急食糧，免得人民捱餓。到了 1938 年更被日軍佔用，遭搶劫、掠奪一空，生產機器亦遭到破壞，被迫停止生產，直到 1945 年日本投降後才把嘉頓中心歸還，使廠房得以逐步恢復生產。相隔十年左右，來到 1956 年，嘉頓中心再次遇上社會運動，這次就是「雙十暴動[4]」，它又受到嚴重的破壞導致廠房再次停止生產。另外，於上個世紀七十年代香港發生了多場天災，當年的港英殖民政府就以嘉頓公司出產的「生命麵包」作為主要賑災糧食，助災民度過糧食難關。

嘉頓的產品在香港無人不知，無人不曉。如果沒有吃過嘉頓的麵包或者餅乾，那就枉稱自己是香港人了！基本上，每個香港家庭都會有一兩件嘉頓產品在，它們可能是早餐，又或者是「口痕」時的零食。總之，總會有一件產品在身邊，它亦是每一代香港人的集體回憶。

今天的「生命麵包[5]論」

生命麵包

2019 年末，正是現代的香港進入社會動盪的白熱化階段，人們都處於高度緊張的情緒及狀態下，每日的催淚洗禮是全香港人民深切的體會。全港十八區都活在彌漫的煙霧中，沒有人能看得清前路。在這時期，曾出現一段引起全香港人熱議的發言，我們稱之為「生命麵包論」！

事件源於同年的 11 月，因香港反修例示威活動而引發「香港理工大學[6]衝突」，當時反修例示威者與香港警察在理大爆發了包圍及衝突，經歷了數天的對峙後，仍有數十名示威者堅持留守在校園內，而期間曾有警員利用揚聲器對現場示威者說：「我還看到好多人都吃了那些冰冰冷冷的生命麵包……你就吃生命麵包，我收工後可以到深圳吃『海底撈[7]』，這想起來都正；我們在喝冰凍的啤酒，而你們在吃生命麵包……生命麵包通常是基層、拾荒者老人家才吃的……特別在這冰凍的夜晚，吃著生命麵包真是……」

此言論一出，立即引廣大市民的不滿和熱議，原因是生命麵包代表的就是「香港的生命」，生命麵包的生產商「嘉頓」，陪伴著每一個香港人成長，對香港人的意義是

何其重大！就如 80 年代嘉頓公司為生命麵包創作出最洗腦的廣告歌詞便說：「生命，生命，這好傢伙，何時我也說它不錯！」加上它藍白格子的蠟紙包裝袋，絕對是最深入民心的香港代表食物。事實上，生命麵包對香港人的意義本該是代表著「幸福溫馨」才對，但現在卻因一段「生命麵包論」，讓人們感受到嘉頓被貶低，憤而有忘本之感。

1 「嘉頓山」：真正的名稱是喃嘸山，因為山腳下有歷史悠久的嘉頓中心而被廣稱為嘉頓山。

2 「嘉頓中心」：是嘉頓有限公司擁有的辦公大廈，以往廠房也曾在此處，現在的建築物內除了辦公室之外，還有由嘉頓直營的港式西餐和咖啡廳，以及其品牌的展覽館等。

3 「嘉頓有限公司」：簡稱「嘉頓」，是香港本地著名老品牌，於 1926 年創辦當時稱為嘉頓公司，由張子芳先生及其表兄黃華岳先生創立。由於當年他們是在香港動植物公園傾談出開麵包店的鴻途大計，因此便把公司取名英文 Garden，中文譯名為「嘉頓」，主要生產麵包、蛋糕、餅乾及糖果等產品。

4 「雙十暴動」：發生於 1956 年 10 月 10 日至 12 日期間的大型騷動，於九龍及荃灣區發生，源於徙置事務處的職員在 10 月 10 日中華民國（通稱台灣）的國慶日裡，移除了懸掛在李鄭屋徙置區之中懸掛的中華民國國旗及大型「雙十」徽牌。當時的事件由罷工及示威開始，後來在三合會介入下迅速演變為嚴重的示威活動，事件釀成約 60 人喪身，成為香港真正「有紀錄」的歷史以來最多人死亡的暴動。

5 「生命麵包」：於 1960 年由嘉頓公司出品，是一款加入了維他命及礦物質的方包。當時香港仍然處於發展中的狀態，人民基本上都需要為一餐溫飽而奔波，嘉頓為了迎合當時香港市場的需要，開發出能既容易保存、食用又方便，而且還要有營養的麵包產品，最後嘉頓製作出這款方包，並取名為「生命麵包」，寓意著吃生命麵包可以健康和成長。

6 「香港理工大學」：簡稱「理大」，英文名為 The Hong Kong Polytechnic University，縮寫為 PolyU，落座於九龍紅磡與尖沙咀東之間，成立於 1937 年，於 QS 世界大學排名第 95 位。

7 「海底撈」：由中國公司成立的連鎖火鍋店，價錢昂貴，在全球有幾百家分店，包括香港、台灣、澳門、新加坡等。

當年的歡樂泳棚，今昔的浪漫祕景

說起西環泳棚，香港人會想起的是……網紅打卡景點吧？這是現代人對西環泳棚的印象，但對於上一代的人來說，它其實是一個充滿快樂回憶的地方！說到西環泳棚的歷史，實際了解的並人不多，年輕一代甚至根本沒有聽過「泳棚」兩個字，連「泳棚是什麼」也不知道。其實西環泳棚在香港已經是碩果僅存的泳棚，追溯起源的話就牽涉了當年泳棚的故事了。

「泳棚」到底是什麼？

在 20 世紀初期，香港由於交通網絡與衛生系統還不完善（不像現在每區都有泳池等游泳設施），市民若想暢泳，

就只能前往海邊並直接跳進大海。久而久之，開始陸續有泳會於不同的海邊，以竹子和木頭搭成棚屋，以方便游客更衣梳洗，而這些設有棚屋的海邊游泳區就稱為「泳棚」（類似台灣海水浴場）。根據記載，香港最早出現的泳棚是在北角海邊，由香港中華遊樂會設置的「七姊妹泳棚」。到了五十年代，全香港大大小小約有 10 個已發展完備的泳棚，當中以西環的「鐘聲泳棚」和「金銀泳棚」最為著名。到了六十年代，由於大規模的填海工程需要進行，政府便收回了大部分的泳棚用地，再加上填海發展導致海水污染日趨嚴重，當年為大眾帶來歡樂的消暑場所，便逐漸步入式微階段。

這就是「西環泳棚」

西環的「鐘聲泳棚」和「金銀泳棚」最早見於 1932 年，

屬於老牌泳會。「金銀泳棚」原於現在的西區廢物轉運站位置，是一個只供會員使用的泳棚。至於「鐘聲泳棚」則設於現在堅尼地城巴士總站的位置；「鐘聲泳棚」由慈善團體開設、供平民使用，當年只需要付兩毫子就可以在泳棚內自由暢泳，還可以用五毫子租借泳衣。已故巨星張國榮先生在小時候，亦曾經由他父親張活海帶到西環泳棚學習游泳。到了六十年代，金銀泳棚和鐘聲泳棚先後拆卸，最後到了 1988 年，由幾名鐘聲泳棚會員跟當時的摩星嶺街坊福利會，向政府在摩星嶺現址申建泳棚，自此西環泳棚得以復活。鐘聲泳棚之後易名為「泳廬」，金銀泳棚亦改名「金鐘泳棚」，泳棚也改換上了不銹鋼板，並以木板搭建成現在的木橋。

今天泳棚不再收費，但海邊搭建的棚屋變成了綠色的鐵皮屋，就只提供給泳廬會員使用，閒時還會有一些身體健壯的老年人來到這個泳棚，跳進大海暢游。現在雖然在海上暢泳的人流不再，但熱鬧的人聲近年再次在泳棚響起，因為這裡美麗的風景，大海、木橋、燈塔、前方的小島（名叫青洲）……那不經意的浪漫詩意畫面，令泳棚再次成為大眾的焦點，更是人們前來拍網美照、婚紗照的最佳場所之一。

＊參考資料來自：摩星嶺之友

尋常的太平山，建設的百年夢

　　曾為二戰前「香江八景[1]」之一的「仙橋霧鎖」，想當年更被稱為是「人工征服自然者之最偉大工程」。「盧吉道」長年處於雲霧間，若隱若現因而得名，是位於山頂上的一條人工搭建的百年棧道，棧道順著四百公尺的等高線而建，而這條環繞太平山山頂的散步道絕對能堪稱經典。從百年前開通至今，它都是一條只許行人不允許行車的「散步路」，每當大霧時分這棧道就會被雲霧淹沒，走在路上望向遠處，總是看不到盡頭，一路走著走著必定會驚嘆大英帝國搭建庭院的技巧確實有一手。

今天的盧吉道（左頁），一百年前的盧吉道（右頁）

一邊走在潮濕處處的棧道上，一邊呼吸著市區難遇的新鮮空氣，感受絕佳。而且從一百年前開始，這裡就是英國紳士貴婦們散步運動的地方，直到百年後的今天，這裡仍然是居住在附近的外國人最愛的散步徑。一步一步走，穿過雲霧的太陽映照，對面的九龍半島震撼地映入眼簾。一百年前的英國貴族們在這裡眺望停泊在珠江河口及各大小海島的港外商船隊；現在我們觀賞到的是「東方之珠」美妙絕倫的景緻。相信只要你了解這裡的歷史，再細看這個香港最美妙的景色，不禁會讓你慨嘆前人為後人所搭建的一切美好。

屹立百年皇家工程師傑作

　　盧吉道於 1913 年正式落實興建，直到 1922 年才全面落成。據 Gwulo[2] 網站記載，盧吉道尚未落成前，只是簡單稱為：the Road from Victoria Gap to High West Gap，以及說明建築這條路的目的，十分罕見地「只是為了觀賞維多利亞港的風景」。因為山勢陡峭，建築時要以防泥石流，所以工程十分艱鉅。盧吉道是大英帝國的皇家工程師的傑作，在英國時，他們就是做炮彈、戰船和軍事設施的精英分子，被派到香港後，則協助各種基礎建設工程。當年建設棧道的方法，是在峭壁下面鑿石、立椿為橋柱，然後在上面架橋為路，所以工程十分具危險性的。不過在那個人命不值錢，工業傷亡也比較普遍的年代，建造報告上當然也就不會特別留下傷亡紀錄。盧吉道整個工程總共花費了 14 萬 5 千元，而當時一般人的月薪大概是 30 元左右，花費之龐大可想而知。

不能遺忘的最美景緻

在八十年代以後出生的香港人，到底有多少人認識盧吉道呢？我們生於這個時代，到山頂欣賞風景只會花巨額前來山頂的凌霄閣，但其實在凌霄閣旁就有條免費的百年觀景棧道等著我們去探索，它就是「盧吉道」。尖沙咀海旁的維港風景再美，都不及盧吉道居高臨下一次過眺望整個維港的震撼。百年前這裡是觀賞維港的最佳景點；百年後的今天它雖然稍被遺忘，但每個來到的人都會不禁讚嘆百年前人的眼光和感官觸角。時至今日，我們更需要保護眼前這片難得的土地，但要如何保護就是人們需要反思的問題。

1 「香江八景」：又稱「香港八景」，1940 年前位於香港島上的 8 個美景，當中包括了「旗山星金」（扯旗山，亦稱「香江燈火」）、「仙橋霧鎖」（盧吉道）、「鵝澗榕蔭」（現在的鵝頸橋）、「鴨洲帆影」（鴨脷洲）、赤柱朝曦（赤柱）、「扶林飛瀑」（薄扶林瀑布灣）、「鯉門夜月」（鯉魚門）、「浪灣海浴」（大浪灣）。
2 Gwulo：中文稱為「古老」，是一個專門記錄舊香港的網站，由英國人 David Bellis 撰寫，網頁內有著超過 1 萬頁文章，以及 6 千張以上的香港舊照片。
＊參考資料來自《明周文化》

維多利亞城界石

捨棄海洋公園，抹去童年回憶

香港人小時候每當暑假一到，都會嚷著要父母帶我們去海洋公園玩，當時候香港只有幾個大型主題樂園，而海洋公園就是其中一個最大且最遙遠的。八十年代出生的我，家住在新界西北區，而海洋公園位置在香港島的南部，家與公園的距離絕對可以用天南地北來形容。因為坐巴士去就要換三程車，單程接近 2～3 小時，而且去樂園玩當然要盡興，難得可以遠行，當然要一大早入場玩一整天才夠，所以每回都要清晨時分起床出發，加上小時候的我是坐車會暈車的人，一上車就會吐到下車，所以去過一次、兩次，第三次父母都投降不想再去了！到了中學時期，每次去海洋公園都是跟學校或是親戚去，而且每次去都必須自備嘔吐袋備用。

儘管前往的路途有多麼遙遠，每當登上園內的登山纜車看到山頭上的巨型海馬標誌，大家都會興奮不已，並不停的在搖晃的纜車廂內拍照。小時候來這裡都是要去看動物、海洋生物，但更不能錯過的就是要玩機動遊戲。

最不能捨棄的其實是回憶吧！

海洋公園這個大型的主題樂園，於 1977 年由殖民政府

免費撥地，並由英皇御准香港賽馬會資助而興建。在 1982 年至 1999 年期間，園內更曾經設有香港最大型的水上樂園，那時候每到夏天，就會有很多家庭前來嬉戲，更會有無數的情侶前來這裡約會。當時的海洋公園的確滿載著所有香港人美好且快樂的童年回憶，是一個專屬香港人的主題樂園。不過近年來，海洋公園把目標顧客群主移到內地旅客上，大部分的優惠及推廣都只針對內地旅客等，甚至在 2019 年的社會運動中被市民批評說：「已不再是香港人的樂園，不再被香港顧客所重視。」2019 年社會運動加上 2020 年的世紀之疫，香港處於不能再單靠遊客維生的環境下，海洋公園陷入了倒閉的危機，幸好最後有得到特區政府出手相救。

海洋公園於 2021 年得到特區政府的施救後，決定轉型，但竟然打算把所有海洋生物包括代表著海洋公園象徵的海豚全數送走，機動遊戲設施拆卸，並把山下樂園的大片範外判出租，另外亦宣布關閉了 20 多年的水上樂園將重新開幕。此消息一出再度令香港人憤怒了！一個捨棄了初心的樂園，連自己的代表物都放棄的話，剩下來的只會讓香港人更痛心疾首。此舉也讓大部香港人都覺得：「倒不如把樂園關掉好了！」就讓大家的美好回憶藏在心中和相片中吧！

皇都戲院（一級歷史建築物）

碩果僅存的舊式經典戲院，印證著香港昔日曾風光一時
的娛樂事業，現正面臨重建。

Chapter

05 香港人的母語廣東話

　　廣東語（又稱粵語）屬於中文漢語的一種，世界各地的華人社區都會使用廣東語，如：中國廣東、馬來西亞、新加坡、中國澳門等等，但各個地區的廣東語的口音及用語都是截然不同，特別是從日常生活的對話中，便可一聽分辨對方是來自哪裡的人。

香港人豪邁又直接的廣東話

很多台灣朋友會覺得香港人講話很直白，不會婉轉的說話、表現。這是因為香港人比較率直，做人處事都較為明確，喜歡不喜歡都會分明。另一方面，亦會常常聽到台灣朋友覺得香港人講話時，講廣東話都會變得好粗獷，音調很低，男男女女的聲音大又很豪邁。相比之下，台灣朋友很多時候喜歡用疊字和提高音調來講話，特別是女生，說話聽起來好可愛又親切。但是懂廣東話的話，就會明白，廣東話很難用高音來講話，更不太能用疊字講話，因為廣東話的音調換成講國語（普通話）時，其實一點都不好聽且很難發音，反而會讓人覺得更煩又很矯情。香港人若用疊字講話，通常用在跟小孩說話時，但若用在大人對話中，就會有點過份裝模作樣了，此舉會讓人生厭。也就是說，香港人講廣東話的粗獷感，並不帶有負面成分，亦不代表不友善。

港台學習中文的方式大不同

有很多中文字，香港人都是不懂它的真正讀音，就算讓我們查字典也沒幫助，因為大部分的香港人基本上都不懂看廣東話拼音，因為香港人學中文跟台灣學中文不同，

台灣人學中文是從小從拼音開始學習，再學每一個中文字是怎麼拼音、怎麼讀，所以即使台灣人不懂某字怎麼讀，也可以從拼音就知道。但是香港人學中文一開始就不是從拼音學起，或者應該說……從來沒有學廣東話拼音（可以學但都是特意去學，例如你要做翻譯工作，教外國人廣東話時等）。香港人通常是直接牢記每一個中文字的讀音，不過當我們學普通話／國語時，我們還是會從拼音開始學起，這就是台港學中文的簡單大分別。

香港人英文都很厲害？

此外，很多時候跟香港人相處都不難發現，在我們的日常對話中，多多少少都夾雜著一些英語。因為英語是香港教育的必修語言，跟中文有著同樣重要同份量，所以即使英文不太好的香港人，還是會懂基本、簡單的英語。加上在香港工作，特別是在大企業、大機構上班，甚至是政府部門內部運作及撰寫文件等，主要是使用英文，所以英語是香港人的日常用語之一，因此很多時候講話才會混著一點英語。或者，有時候中文未必能好好表達到當下意思時，香港人會很自然的用上一些英語單字來表達其意思。另外，亦不難發現，香港人到外地旅遊都會很自然的嘗試

講英文。即使不太流利也好，香港人面對外國人都會用盡畢生所學的英語來溝通；若真的不行，才會問對方是否懂一點中文。

總之，必定是 ENGLISH FIRST THEN 中文，SHOW 英文能力是香港人的習慣；有著不想讓外國人把自己看低的心態，也有著讓外國人覺得香港人也是很國際化、很厲害的目的。所以，從旁人眼中看香港人的英語「都不差」，就是因為這些原因。

認識香港人的廣東話

　　認識香港人的廣東話，會發現很多與台灣文化差異很多的有趣故事。就簡單用詞上，也可差很多，因為在台灣和香港之間有很多同形異義詞存在。香港的廣東話分為口語和書面語，書面語一般跟台灣都差不多，所以我們能互相看懂對方的文字，更有些台灣的口語是香港人都能聽得懂、看得懂的。相反的，廣東話的口語就經常讓台灣朋友不理解。以下是香港人的日常中最常用的廣東話口話，學懂就不再誤會了。

助語篇

唔	沒有、不
唔該	**謝謝** ＊感謝別人的幫忙時，或請求別人幫忙時
多謝	**謝謝** ＊感謝別人的送禮時
唔駛喇	不用了、不需要
駛唔駛？	**要不要、用不用**
係	是
啱	**對**
佢	他
哋	**們**
佢哋	他們
我哋	**我們**
嘅	的
點	怎樣、怎麼
仲	還有
乜／咩	什麼

呢個	這個
嗰個	那個
度	指定範圍、指定地方
啲	的、一些、一點
嘢	東西、事情
咗	了
中伏	雷
慳	省
平	便宜
咁	如此
隔離	旁邊、隔壁

動詞篇

諗	想、考慮
呃	說謊、欺騙
搞	做、幹
嚟	來
睇	看
㩒	按
俾	給
拎	拿
咪	別
返	回
瞓	睡
緊	○○中　　＊這裡的「緊」和英文 ing 的意思相同，代表某事正在進行中，即現在進行式。如：睇緊電視，即「看電視中」；校緊稿，即「校稿中」；讀緊書，即「讀書中」
叉電／充電	充電
碌卡	刷卡
嘟卡	嗶卡　　＊使用交通卡時
燉冬菇	被降職
炒魷魚	被開除

一鑊熟	與敵人同歸於盡
放飛機	爽約
叮嘢食	微波食物

名詞篇

街市	菜市場、市場
電梯	手扶梯
升降機／軐	（箱型）電梯
靚仔	帥哥
靚女	美女、正妹
叮叮	電車
雪櫃	冰櫃
冰箱	冷凍櫃
巴士	公車
的士	計程車
米芝連	米其林
飛	票
蚊	元
櫈	椅子
夜晚	晚上
火牛	變壓器
膠紙	膠帶
膠袋	塑膠袋
手信	伴手禮
肉酸	醜
粗口	髒話
得意	1. 可愛、有趣 2. 如稱心如意，並如期預期有所成就
戲院	電影院、表演廳
紙巾	衛生紙、面紙
薯片	洋芋片／餅乾
餅乾 ★只限烘焙類，不含蛋糕	餅乾

油麻地停車場

香港唯一一座停車場大樓中央「穿窿」的停車場，
已於 2020 年關閉並進行拆卸。

後記

決定寫這一本書，就在 2019 年香港大亂的時候，因為各種社會及政治事件，令香港陷入混亂，更引起了社會的嚴重分歧。大至政府與人民之間的分裂，小至父母與子女的缺裂，甚至是將親朋好友的歸類分界，儘管如此四分五裂，但換個角度看，得到的卻是因為紛亂而喚醒了香港人熱愛自己家園的「心」。縱使大家用的方法不同，但對香港人來說「我們」、「人民」才應該是最重要的。

電視直播著每一幕亂世畫面，在家中同步地聽到從街上傳來的人群慘叫聲，縱使緊閉門窗，外面的氣體依然滲進屋內。有時不是害怕而流淚，反而是外來的氣體流入家中被燻到流淚，每天往窗外看都是令人痛心的對戰畫面；不像從前只在電影中看到，而是實實在在地在眼前上演。那震撼致極的記憶，深深刻進我的惱海中，最可悲莫過於當痛心的眼淚流光。我們香港人還能做什麼？那刻我想到的是……盡我所有的能力，為「香港」這兩個字留下來一點東西及一點記錄，縱使我們改變不了將來，也想為後世留下香港人的故事。

　　開始寫這一本書，是世紀之疫「新冠肺炎」的開端，經常出遊外地的我，跟大家一樣只能停留在香港過平凡生活。每天關在家中 WFH（work from home），看著那如股票指數的確診數字，每天上上下下，心裡一點都不是味兒。想要到外面訪問一些老店，但因疫情的關係，不是關門就是謝絕探訪，更有些是擔心會被分類而拒絕訪問。所以寫這一本書老實說，比我當初預期的更困難，不過幸好！因為我鍥而不捨的精神，還是有很多人願意跟我聊天，談談他們的往事，從中反而令我見識到久違的人情味。原來，香港人還是有情的，只是大家一直埋藏在心深處；只是因為社會越變冷漠，為了不受傷害，就寧願把情份收起來。日子漸漸過去，大家都變得現實和只看利益，特別是年輕人們更應該學習什麼是「情」，莫令香港過於冷冰冰。

　　不過，在寫這書的日子裡，好像漸漸看到香港人的改變。很實在的，是因為社會動盪才使人們開始關注過去，並重新審視所有歷史，令人們肯定香港百年的存在。早前一個訴說香港歷史的粉專版主突然離世，沒想到竟然引來過萬人悼念及媒體的報導；剛過的 2021 年 1 月 26 日，是在我懂事以來從來沒有看到過，有眾多的香港人和媒體竟然在這一天紀念起「香港」的誕生，因為 1841 年的 1 月 26

日就是「香港」開埠的日子。這才發現，原來香港人已默默地關注起自身的歷史了；再來是百年古蹟因一場清拆工程而被意外發掘並破壞，普通的一個小市民為了保護古蹟，竟奮不顧身的擋在推土機前，不顧推土機正在運作的危險，也堅持爬上控制台強行阻止。這為的是什麼？就是用盡自己的方法保護香港人所重視的百年歷史。

沒有過去的建設和付出，何來今天的進步繁榮！但無奈是現實的社會不停把過去痕跡抹去，將一件一件有歷史意義的舊事舊物消失⋯⋯現在人民的心好像早就被傷得不能再失去般，一個都不能「再」少了！這就喚起了香港人決心重整保育的議題。

然而，只要了解香港人的性格，就知道香港人那三分鐘熱度和善忘的特性，保育講求的是長時間的堅持和保護，到底我們能否有所改變，繼而面對真正的問題呢？百年的香港其實真的很美麗，沒錯！但要如何才能獲得保育和承傳，是現在最迫切的問題吧！

寫這本書讓我重新認識了香港，去了很多從來沒有踏足過的地方。自問作為香港人，可能到訪過的地方比外國遊客還要少，我更從一些訪問中得知了很多香港人情味的故事，憑著這些我漸漸了解香港，並一個字一個字的記錄

下來，然後再一筆一筆的繪畫出在我心目中的畫面。自小就喜歡繪畫的我，最愛就是寫實的畫作，因為這樣更能記錄當下的環境、畫面以及心情，以往從來沒有畫過香港風景的我，這次拿起畫筆作畫時，心情是何等複雜……

在這裡要感謝所有跟我一起努力完成此書的編輯們。從我毛遂自薦到收到總編的回覆，詳細解釋我的想法，然後開始寫作，這一切讓我非常感恩。這本書對我來說是對香港的一小點貢獻，能實現是無比的感動。亦感謝所有接受過訪問的老闆們，感激你們能在百忙中抽空應酬一下我，以及衷心多謝每個出手幫忙的保育團體和保育為主題的粉專版主。你們的努力，為香港的歷史作出了很詳盡的記錄，為過去讓香港經濟起飛的前人留下了努力的痕跡。

最後，希望各位可以從這本書開始了解香港的百年文化以及歷史，了解一般香港人的想法和感受，進而啟發各位關注保育的工作。隨著社會一路發展進步，同時間要如何與舊有文化及建築共存，相信這是後世人需要努力尋求方案的時刻，更是個重要的議題。在未有適合的方案前，就盲目的拆卸……到最後，得到的到底會是什麼？千萬別遺忘香港的過去，因為……就是這些過去成就了今天的我們。還有，希望讀者看完這本書後，可以重新檢討過去我

們對人和對事的態度，然後能夠逐漸把已消失了的人情味重新找回來。

雪姬

建於 1963 年，石鼓州羅馬水池

參考資料

書籍

珍‧莫斯里《大英帝國的終章》，台灣，八旗文化 / 2017

馬克‧奧尼爾《異地吾鄉：猶太人與中國》，三聯書店 / 2018

胡炎松《孟蘭的故事》，香港，三聯書店 / 2019

《本土情味》香港，《飲食男女》雜誌 / 2020

歷史紀錄與保育機構團體組織及粉絲專頁

長春社文化古蹟資源中心 The Conservancy Association Centre for Heritage （CACHe）
長春社
香港盂蘭文化節
Central and Western Concern Group 中西區關注組
城皇街卅間社區工作室
棚仔關注組
非物質文化遺產辦事處 ICHO
歷史檔案館 Public Records Office
歷史時空
香港老舖記錄冊 Hong Kong Historic Shops
香港公共屋邨圖片集 Timeless Estates HK
維城觸蹟

香港探古 Hong Kong Heritage Exploration
圖說 Snapshot
史檔
吳昊（老花鏡）
香港遺美 Hong Kong Reminiscence
香港歷史研究社
程尋香港 Hide and Seek Tour
昔日香港
香港隅地 HK Corners
香港傳統節日
香港故事館 HK House of Stories
Hulu Culture
香港老店
全民保育行動
舊時香港
香港舊照片
University Hall 一大學堂

媒體報導

飲食男女
香港蘋果日報
明報
新假期
東方日報
香港電台
明周文化

作者 & 繪者	雪姬	Suki Yeung
責任編輯	蔡穎如	Ruru Tsai, Senior Editor
封面設計	走路花工作室	aruku hana workshop
內頁設計	林詩婷	Amanda Lin
行銷企劃	辛政遠	Ken Hsin, Marketing Executive
	楊惠潔	Gaga Yang, Marketing Executive
總編輯	姚蜀芸	Amy Yau, Managing Editor
副社長	黃錫鉉	Caesar Huang, Deputy President
總經理	吳濱伶	Stevie Wu, Managing Director
首席執行長	何飛鵬	Fei-Peng Ho, CEO

出版	創意市集
發行	英屬蓋曼群島商家庭傳媒股份有限公司城邦分公司
	Distributed by Home Media Group Limited Cite Branch
地址	115 台北市南港區昆陽街 16 號 7 樓
	7F No. 141 Sec. 2 Minsheng E. Rd. Taipei 104 Taiwan

讀者服務專線	0800-020-299 周一至周五09:30～12:00、13:30～18:00
讀者服務傳真	(02)2517-0999、(02)2517-9666
E-mail	service@readingclub.com.tw
城邦書店	城邦讀書花園www.cite.com.tw
地址	115 台北市南港區昆陽街 16 號 5 樓
電話	(02) 2500-1919　營業時間：09:00～18:30

ISBN	978-986-5534-44-8
版次	2021年6月初版1刷／2024年7月 初版21刷
定價	新台幣380元／港幣127元

製版印刷	凱林彩印股份有限公司

國家圖書館預行編目(CIP)資料

香港百年：住公屋、飲杯茶、賭馬仔,尋訪在地舊情懷,重溫久
違人情味 / 雪姬著.繪.-- 初版.--
臺北市：創意市集出版：家庭傳媒城邦分公司發行,
2021.06
　面；　公分

ISBN 978-986-5534-44-8 (平裝)

1. 人文地理 2. 社會生活 3. 歷史 4. 香港特別行政區

673.84　　　　　　　　　　　110002150

香港發行所　城邦（香港）出版集團有限公司
香港灣仔駱克道 193 號東超商業中心 1 樓
電話：(852) 2508-6231
傳真：(852) 2578-9337
信箱：hkcite@biznetvigator.com

馬新發行所　城邦（馬新）出版集團
41, Jalan Radin Anum,Bandar Baru Seri Petaling,
57000 Kuala Lumpur,Malaysia.
電話：(603)9057-8822
傳真：(603) 9057-6622
信箱：cite@cite.com.my

香港百年

住公屋、飲杯茶、賭馬仔，
尋訪在地舊情懷，重溫久違人情味